小学
社会主义核心价值观
主题班会的设计与实施

XIAOXUE
SHEHUIZHUYI HEXIN JIAZHIGUAN
ZHUTI BANHUI DE SHEJI YU SHISHI

朱庆发　曾金花 / 著

中国文联出版社

图书在版编目（CIP）数据

小学社会主义核心价值观主题班会的设计与实施／朱庆发，曾金花著.—北京：中国文联出版社，2023.3
　ISBN 978-7-5190-5108-2

Ⅰ.①小⋯ Ⅱ.①朱⋯ ②曾⋯ Ⅲ.①社会主义核心价值观—中国—班会—课程设计—小学 Ⅳ.①G621.2

中国国家版本馆CIP数据核字（2023）第047721号

著　　者	朱庆发　曾金花
责任编辑	刘　旭
责任校对	秀点校对
装帧设计	刘贝贝　李　娜

出版发行	中国文联出版社有限公司
社　　址	北京市朝阳区农展馆南里10号　　邮编　100125
电　　话	010-85923025（发行部）　010-85923091（总编室）
经　　销	全国新华书店等
印　　刷	廊坊佰利得印刷有限公司

开　　本	710毫米×1000毫米　　1/16
印　　张	13.5
字　　数	220千字
版　　次	2023年3月第1版第1次印刷
定　　价	58.00元

版权所有·侵权必究
如有印装质量问题，请与本社发行部联系调换

目 录
CONTENTS

第一章
小学社会主义核心价值观主题班会的发展

第一节　小学主题班会的育人价值思考 …………………………… 2
第二节　社会主义核心价值观在小学教育中的体现 ……………… 17
第三节　主题班会与社会主义核心价值观的融合 ………………… 24
第四节　主题班会设计的技巧与方法探索 ………………………… 32

第二章
社会主义核心价值观主题班会的设计原则

第一节　认知与行动相结合 ………………………………………… 44
第二节　个体与集体共进步 ………………………………………… 51
第三节　思想与情感并发展 ………………………………………… 61
第四节　其余原则 …………………………………………………… 65
第五节　设计原则的实践 …………………………………………… 69

第三章
社会主义核心价值观主题班会的实施策略

第一节　学生主体性 ………………………………………………… 90
第二节　多维互动 …………………………………………………… 99

第三节 重视实践 ……………………………………………… 109

第四节 策略的实行 …………………………………………… 115

第四章
社会主义核心价值观主题班会的设计实施案例解读

第一节 国家价值观主题的主题班会设计案例与分析 …………… 122

第二节 社会价值观主题的主题班会设计案例与分析 …………… 128

第三节 个人价值观主题的主题班会设计案例与分析 …………… 135

第四节 融合型价值观主题的主题班会设计案例与分析 ………… 166

第五章
社会主义核心价值观主题班会设计实施之反思

第一节 社会主义核心价值观主题班会设计实施的时代新特征 ………… 178

第二节 社会主义核心价值观主题班会设计实施的创新与进取 ………… 197

第一章

小学社会主义核心价值观主题班会的发展

社会主义核心价值观是我国现代化建设事业的指引，也是中国人当代精神的浓缩。小学生的成长过程中需要价值精神的引领，因此在小学主题班会设计与开展过程中，有必要融合社会主义核心价值观，让孩子们得到更好的成长。

第一节　小学主题班会的育人价值思考

一、当前小学主题班会存在的问题

（一）形式上

在现行的主题班会中，存在着一些问题"症候"，集中表现在以下几方面：

1. 僵化模式——"包办式"主题班会

在现实的主题班会中，有的教师对学生的能力不信任，因而"包揽一切"：主题的确定、内容的选择、方案的设定、过程的掌控，都由老师来完成，在这种"包办式"主题班会中，学生的主体性地位被班主任无情地剥夺，学生成为任由教师摆布的"木偶"。

2. 倚重表演——"精英式"主题班会

主题班会是班级全员参与的集体性活动，但是现行的班会课已经成为那些多才多艺的"精英分子"展示自己才能的"舞台"，而大多数学生则成为主题班会的"局外人"。在一些所谓的优秀主题班会的观摩现场，你会发现一个活动接着一个活动，你刚落幕，我就登场，让人觉得节目精彩纷呈，有声有色，然而却唯独缺少了实实在在的教育实效。

3. 缺少生成——"预设式"主题班会

观摩过几次主题班会后，我们明显感觉到班会已经被彩排过好多遍了，由此可见，这种"预设式"的主题班会就是在老师和主持人的完全掌控下进行，没有一点生成的精彩，甚至没有学生言论的自由，因为要说的话都被固定了。

（二）内容上

在实施主题班会的过程中，课题组发现班主任对于主题班会的开展具有随意性，没有序列化，即主题班会没有整体构思，没有长远规划，没有系统设计。

1. 缺乏整体构思，相对零散

在一个学期里，每一次开展的班会往往主题各异，想到什么主题就开展什么主题，这些班会的主题往往都是相对独立的，没有整体的构思，学生接受到的是零散的思想教育，所以效果也就没有那么明显。

2. 没有长远规划，比较混乱

在哪个阶段该安排什么样的主题班会，应有长远的规划。可是很多班主任并没有考虑到学生的阶段性的特点，没有有效地结合学生的发展规律，没有进行长远的规划，随意而为。

3. 缺少系统设计，比较杂乱

学生的成长是一个渐进的过程，但现行的主题班会却没有系统设计，不同的年级可能召开同样的主题班会。要针对不同年龄段学生的心理特点和每个年级的德育目标，将教育目的与学生实际发展水平结合起来，形成序列化。

二、班主任在主题班会中的作用发挥与能力提升

（一）加强班主任对主题班会课的正确认识

为工作的重心所举办的班级活动。这里所说的主题的设计主要围绕以下几个方面：第一个方面是学生比较关心，并且与他们的学习和生活息息相关的问题；第二个方面是在学生的认知之间存在分歧，学生全体对其看法不同的问题；而第三个方面是在学生群体中所出现的性质比较严重、影响也比较大的问题。主题班会的召开人是教师或班长，召开的对象为全体学生，需要满足的原则有教育性、趣味性与针对性。所要发挥的作用主要为缓解学生群体间的矛盾、提高他们对某些知识的认识以及更好地开展对他们的教育。

刚开始，我们学校不少老师认为主题班会课是无足轻重的，是"任务课"，是应付上级领导检查、做资料用的，每周安排一节太没必要。与其这样浪费时间，还不如用来上语、数、英，毕竟这些才是要考试的，而且还与绩效工资挂钩。为了让老师们对主题班会课有正确的认识，德育处每月组织一次班主任德育交流会议，学校德育领导和全体班主任共同参加。作为班主任，应该重视主题班会课的开展，精心设计，有效落实。班主任还可以在会上交流、分享前一阶段成功的班会课经验，聚焦在近段时间班级管理上存在的问题，以此选定接下来开展的班会主题。接着再让班主任带着收获进一步深入实践、研讨交流，

让主题班会课真正起到教育学生的作用。

（二）提高班主任班会组织能力

主题班会课不同于其他课程，它的特点是没有教材。开展主题班会课对于我们农村小学的班主任来说，是存在很大困难的。不少班主任把主题班会课上成说教课，他们采用直接灌输的方式，进行道德劝说、行为说教。为提高班主任班会组织能力，德育处组织每学期开展一次主题班会课的研讨活动。主题班会是班主任根据教育、教学要求和班级学生的实际情况确立主题、围绕主题开展的一种班会活动。因此，很多班主任在班会的选题、内容的设计上就遇到重重困难，要完整地备好一节课不容易，上好一节课更不容易，每学期开展一次主题班会课的研讨活动就显得很有必要。具体做法是选一两名优秀的班主任承担主题班会公开课，展示课例，其他班主任参加听课、议课活动，促使教师与教师之间交流教学经验、互相启迪、反思促进，不断提升个人组织主题班会的能力。

除此之外，要鼓励班主任利用周末时间积极观看主题班会教学观摩课和报告会，如名师示范课、教学观摩课等不断充实自己，借鉴优秀的教学方法，提高个人教学能力和业务水平。并鼓励、支持班主任积极参加各部门组织的教学评比活动。学校也尽可能多地给班主任创造一些外出学习的机会，接受新的教育理念，积累更多的教学方法，加快班主任班会组织能力的提高。长此以往，势必能促进班主任专业化发展和优秀班主任自我提升，打造一支优秀的班主任团队。

（三）由扶到放，引导好班主任多种形式开展主题班会

一开始，主题班会作为一种新鲜事物，不被大家认识，班主任更无从着手开展。这时，学校德育处统一部署，开学初就定好计划，安排好每周班会主题，统一发放教案与课件，各班主任根据自己班的实际情况稍做修改，灵活运用。等到大家都对主题班会的课堂模式有了一定了解，再实行分级集体备课，备出来的教案、课件共享。最后，鼓励班主任放手让学生自己确定班会主题，给学生分工做好班会的前期准备工作，如：布置场地、搜集资料、准备材料，甚至还可以培养小小主持人，让学生主持班会。最终我们要把主题班会引向多种形式，可以是歌舞、表演、诗歌朗诵、小品相声、音乐剧等；也可以是演讲会、辩论会、讨论会、故事会等；还可以是参观、访问、出游等。班主任应根据活

动需要选择最佳的活动形式，使主题班会取得最好的教育效果。

（四）勤于监督班主任开展主题班会

要想班主任开展主题班会的工作坚持做好，管理领导一定要勤于监督、常抓不懈。学校成立检查小组，巡课检查，填写好每一次检查记录表。在每周的例会上公布各班级的开展情况，对积极开展、教育效果好的班级给予肯定表扬，对存在问题的班级提出合理建议。

（五）把开展主题班会工作纳入班主任考核项目中

之前，学校的奖教奖学方案重视对语、数、英三科的奖励，对班主任工作这块的奖励比较简单，没有细化。主题班会的开展情况更不与考核挂钩，不能充分调动起班主任开展班级管理活动的积极性、主动性与自觉性。主题班会作为班级管理工作的重要组成部分，应该放在班主任工作考核首位。学校后来对奖教奖学方案进行修改，把开展主题班会工作纳入班主任考核项目中。学校根据检查小组记录的检查情况对班主任主题班会完成情况、班风影响情况进行考核。

三、主题班会设计组织开展的意义认知

（一）开好主题班会，有利于督促自我教育

自我教育是开展班级管理活动的根本追求，以主题班会为载体，激发学生的自我教育意识，督促其自我完善，这才是现代教育的根本价值。那么班主任在设计主题班会的内容与形式时，就要充分考虑学生在学习与生活中遇到的实际问题，通过循序渐进的启发与引导，完成从"他律"向"自律"的转化。如"诚信教育"是当今社会发展的重要命题，结合平时写作业、考试以及同学之间相处等涉及的诚信问题展开讨论，让学生切实体会"诚信"的重要意义，自觉遵守良好的品德修养，约束自身行为规范，督促达成自我教育。

（二）开好主题班会，有利于指导学习方法

班级管理的成败往往与学生的学习成绩息息相关，在设计主题班会时，也要综合考虑不同层次学生的发展需求；如每个班级都有"学困生"这个特殊的群体，他们基础知识薄弱、学习能力欠佳、学习习惯不好，学习效率较低，考试成绩不理想。围绕"有效学习方法""如何高效复习""如何提高学习成绩"的主题召开班会活动，以自我管理或思想品德教育等层面为出发点，同学之间

互相交流学习方法、切磋学习经验,彼此取长补短、互相帮助,找到最适合自己的学习方法,帮助"学困生"树立自信心,挖掘发展潜能。

(三)开好主题班会,有利于营造良好班风

营造良好的班风学风,让学生置身于充满"正能量"的学习与成长环境,养成讲文明、懂礼貌、团结友爱的良好习惯,有利于同学之间互相帮助、共同进步,而且无论对于整个班级管理成效还是对于学生个人成长都很重要。例如,在主题班会活动中,开展"树新风,求发展"主题班会,或者结合时事政治、重大纪念日为主题,奠定在小学生行为准则的基础上,打造温馨、和谐的班集体,传播民主之风,邀请每个学生参与班级管理活动,树立主体意识,共同为班级发展献计献策,营造浓厚的班风氛围,促进身心健康成长。

(四)开好主题班会,有利于培育德育品质

借助召开主题班会的机会,潜移默化地向学生渗透德育教育,通过诚信教育、挫折教育、感恩教育、荣辱观教育、励志教育、责任教育、团队精神教育等各种主题活动,引领学生的正确思想,在多元活动中培育学生养成正确的人生观与价值观。通过主题班会活动挖掘丰富的教育资源,拓展创造性的主题活动,大家畅所欲言地交流,使得班级管理更有感染力,发挥学生的个性特征,体现主题班会的育人价值,帮助学生提升良好的德育品质并终身受益。

四、主题班会组织的方法建议

(一)早做准备,早做安排,避免临阵磨枪、仓促上阵

首先自己要做好充分的准备,包括主题和内容,事先策划好班会的形式,有需要的时候先指导学生布置好会场。

另外,还需要让学生有思想上的准备。如果安排学生发言,还需要让其做好内容上的准备,最好能够提前一周告知学生班会的主题。

(二)主题的选择要贴切,切忌空喊口号、说大话

主题选择恰当是主题班会成功的关键,班主任需要根据学生的年龄特点和知识结构综合考虑,选择贴近学生生活实际的主题,最好能根据校历的指导和学校当前正在开展的一些活动来选择。这样既能把学校的一些活动安排实时地传达出去,同时也达到了动员的目的,避免了漫无目的的空讲空谈,让学生能够把主题与自己紧密地联系在一起,容易引起共鸣。

（三）要广泛吸引学生参与，不能自己一人唱独角戏

针对某一主题可安排恰当的学生进行发言，虽然需要给每一个学生公平的展示自我的机会，但学生的选择上也不能为完成任务而完成任务，实行简单的大轮回。根据主题可选择该方面表现较好或者该方面还存在问题的两种学生发言。当然，如果是后者，则需要提前做好前导思想工作，可鼓励他勇敢进行自我反思和自我批评，提出有效的改进措施，否则学生容易产生对抗情绪，误认为又是一次班上检讨。

（四）主题班会的样式要有所创新，切忌一讲到底

形式上可以讲演式为主，同时还应引入讨论式、辩论式、图片展等形式。在有条件的情况下还可组织观看一些视频资料，这样能更直观、快捷地向学生传达一些主题的信息。在特定的主题下可请一些有成就的毕业生或校外人员共同参与，让学生有新鲜感同时开阔了视野，还能感受到不同的天地和世界，也可缓解一成不变一直面对着班主任这张老面孔所引起的审美疲劳。

（五）主题班会后要收集反馈信息

班会的过程中可根据学生的反应得到直观的反馈，班会后可有针对性地收集部分学生的感想，从而获得更确切的信息。根据反馈可评估此次班会的效果，班主任从中总结出成功的经验和不足的根源，同时也可作为以后工作的指导。

五、主题班会能够促进班级进步发展

（一）主题班会要为班级物质文化的发展创造有利条件

主题班会的召开就是要为形成一个良好的班级文化环境创造条件。

主题班会的每一分有效成果都应展示在教室相应的位置，如做成标语、口号等用黑板报的形式展现出来，每周一次，由小组之间轮流来做。如在开展"谈小学时代的友情"的主题班会时，就可以将学生收集到的"友情"的名言写出来，对学生形成一种规范和警醒的作用。同时，班主任在召开班会时要随时对教室外在环境进行管理，因为干净整洁的教室环境也有利于班级物质（环境）文化氛围的营造。

（二）主题班会要为班级制度文化的发展创造有利条件

主题班会的设计要时时刻刻为班级的制度文化服务。

在班级组建之初，召开以"班级风采"为主题的班会，目的在于确立班级

的各项制度和今后如何有效地持之以恒地执行这些制度。此时，在组建班委会的基础上，这次班会要成为真正意义上的"班级全会"，必须让每一个学生都参与进来，让每个人都成为"立法者"。班风建设之后，我又让学生把学风和奋斗目标用语言诠释出来，它们分别是"学风：自觉、自持、自信、自立、自强"和"班级目标：打好基础、勤思善学、严谨踏实、坚持不懈、稳中求进、实现突破"。最后，就是与学生"约法三章"的时候了，当然，这班规中的很多也来自集体的智慧，并让学生在班规后边签上自己的姓名。班规便生效了，有了"法律的尊严和效力"。

所以，制度文化形成的前提是"有法可依，有法必依"，在执行制度的时候一定要做到"执法必严，违法必究"。制度不能成为一纸空文而是要坚决落到实处。

（三）主题班会要为班级精神文化的发展创造条件

在班级文化氛围的营造中，主题班会起到举重若轻的作用，因此，主题班会的设计一定要围绕班级文化氛围的营造进行，使主题班会成为营造文化氛围的主阵地。所以必须做到以下几个方面，首先主题班会的设计一定要体现文化特色并实现有效的文化引领。通过开展各种主题班会活动，使学生通过有意义的活动，在文化的熏陶感染中不断成长。如在设计"嫉妒之我见"的主题班会时，第一步是要求学生阅读相关的书籍，并且收集古今中外的关于嫉妒的故事和名言名句等，让学生在头脑中对嫉妒有一个整体而清晰的概念。所以说，应提倡传统的阅读方式，多让学生思考和感悟，从而克服浮躁轻佻的做事与处事方式，进而营造一个爱读书爱学习的氛围。其次，主题班会的开展要紧紧立足文化的实质而非形式进行。主题班会要在学生充分阅读材料、熟悉材料、感悟材料的基础上进行。而此时，要将主动权交给学生，让学生充分发掘自身的智慧，而如果只是老师的灌输，很多学生就会认为那只是老师的想法，干吗要强加给学生呢！而将活动的主动权交给学生之后，学生变得更加积极主动，如在开展"嫉妒之我见"的主题班会时，学生通过演讲（讲故事、发表见解等）、辩论、话剧等形式呈现了丰富多彩的内容，收到了良好的效果。这次班会，与学生认真阅读相关书籍和资料并积极进行思考感悟是分不开的，学生的智慧，凝聚起来便形成合力；这种合力便内化为一种积极的道德情感，从而将道德认识内化、升华为道德信念和道德理想。最后，主题班会的总结反思要以文化的形式展现出来。如何展现班会的成果呢？可以将班会的总结反思设计成标语口号，这便是一种文化。

主题班会一定要充分发挥班级精神文化的"随风潜入夜，润物细无声"的无形的教育感化功能，使主题班会真正成为班级建设和学生教育的有效形式之一。

（四）主题班会要为班级凝聚力搭梯建桥

班级凝聚力是指学生在良好班风的熏陶下，才会有的一种集体责任感与荣誉感，教师可以通过主题班会来激发班级凝聚力，让学生明白自己是班级的一分子，自己的一言一行不仅仅代表着个人，也代表着整个班级。在主题班会上教师可以给出一个话题，引导学生进行思考与讨论，让学生在讨论中逐渐得到体会，这样不仅加深了学生之间的交流，也会让学生对班会的主题有着更为深刻的了解。

例如，在一次运动会报名阶段，体育委员来找我说学生都不参与运动会项目，整个班级报名的人不超过5个，当时我感到十分震惊，在与体育委员进行了沟通之后，我就决定要举办一个主题班会，增强班级凝聚力，提高学生参与比赛的积极性。在班会上，首先我会问学生："大家认为我们班比其他班级差吗？"学生肯定地回答："我们不比其他班级差。"我会向学生表达肯定，接着我会转换语气说："不过我觉得这次的运动会最后的得分我们班级一定是最低的。"在学生疑惑的同时我会向学生说明大家都不报名的现象，然后激励学生，如果想要超越其他班级，这样的表现可不行。在这次班会后学生会因为不想输给其他班级而踊跃进行报名，并在赛场上拼尽全力，这就是主题班会给学生带来的影响，大家都朝着一个方向努力，班级凝聚力也得到了加强。

六、主题班会对学生成长的引导价值

（一）正确价值观的培养

小学生就好像一张白纸，班主任所能做的就是在小学阶段引导学生形成正确的价值观念，而主题班会则是班主任引导学生的最佳途径之一，比如在进行班会材料的选择时，班主任可以选择一些典型的违背法律的处罚，为学生初步建立法律观念。主题班会也可以强化学生的某些认知，让学生明确哪些高压线是自己不能触碰的，在这样的潜移默化中不断塑造学生正确的价值观念。

例如，有一次我发现了学生在听写单词时因为不会而偷偷翻看书本，为了学生的自尊心考虑，我会在私下和学生谈话，但是让我很意外的是学生不认为这是件错事，因为在家听写单词不会时也可以翻看书本，这让学生本能地认为这并不是一件错事。这个阶段的学生大多还是一张白纸，对于一些事物好坏的辨别也不是那么清晰，为了使学生树立正确的价值观，我会特意空出一节课来进行班会教育，在班会上我会列举一些行为，比如说作弊、抄作业、随手扔垃圾、红灯时停下脚步等待绿灯亮起等等，然后让学生来判定这些行为是否正确。通过这节班会，学生能够明确哪些事情是错误的，是不允许去做的，这初步奠定了学生的价值观念，当然这些观念也需要班主任在日常生活中不断地践行，以此加深学生的印象。

（二）德育精神的培养

德智体美劳全面发展是近来的讨论热点，德其实可以翻译为道德、德行等词语，从这些词语中也可以看出德育的培养其实更多的是靠教师以及家长的带领作用，而非空洞的说教。小学生的言行举止其实更多的是模仿身边的大人，也就是说班主任的言行会影响到学生的认知，所以班主任除了在主题班会上为学生讲解道德观念，在平时也要时刻注意自己的一言一行。

例如，现在的学生大多是独生子女，在家里是说一不二的小霸王，对待家长的付出视而不见，并没有认识到家长的不容易，我会在母亲节之前开展主题为"感恩"的班会，在这个班会中我会让学生意识到家长的艰辛。在班会刚开始时，我会问学生："每天早上起来为你做饭的是谁呢？"学生有的会说妈妈，有的也会说爸爸，甚至也有些学生说是奶奶，不论是谁我都会引导学生去想一想，他们不仅要提早一个小时起床，还要在厨房中忙碌不停，让学生初步感受到家长的艰辛。在班会结尾的时候，我会提出："过几天就是母亲节了，大家有没有想过帮妈妈承担一些家务，比如说收拾好自己的房间，帮助妈妈打扫卫生。"然后我会让学生自由讨论自己在母亲节当天要为妈妈做什么，这样的主题班会就是为了能够让学生体会到家长的不容易，从而关心家长，也就是在德育方面对学生进行了熏陶。

主题班会的圆满召开不仅需要教师的努力，更需要的是学生群体间的配合，效果良好的主题班会能够有效地提升班集体之间的凝聚力，加强不同学生间的交流与合作，培养学生团结互助的思想观念，让他们充分认识到集体的力量。

不仅如此，定期召开主题班会也有利于增强师生间的了解，帮助教师与学生之间建立一种相对和谐的关系，更好地完成班级文化的建设工作，进而形成良好的班风，提高教师对班级管理的质量与效果。

定期召开主题班会还有利于实现对学生道德品质方面的培养，进而实现德育的终极目标——立德树人。教师群体开展主题班会的过程，同时也是将自身的认知与观念不断传递给学生的过程。在此过程中，学生不仅可以树立正确的人生观与价值观，同时还能够培养独立思考的能力，让他们能够对自己有一个清晰明确的认知，拥有明辨是非的能力，远离那些落后腐朽的思想观念，真正成为德智体美劳全面发展的三好学生。

（三）为学生解难排忧

随着学生年龄年段的升高，学生越来越不会与老师谈心聊天，这样老师和学生之间就渐渐隔上了一层薄雾，让你看不清他们！为此我们可以开展一些相互交流如写信等形式的主题班会，一方面，可以在最短的时间内大范围地了解到学生的情绪问题和学习困惑；另一方面，写信这种形式最能让人敞开心扉，同时利用主题班会课来写也不会占用学生的学习时间。另外我们也可以结合协商教育了解学生、家长更多的学习思想动态和想法。然后把学生与学科学习有关的困惑分别列表与科任老师一一沟通；个别学生的问题请相关老师单独指导解惑；集体性的问题请老师们在课堂上特别关注；而问题较为严重的，除了与学生交心外，还要与家长联系共同解决；对于性格内敛的孩子，同样可以以回信的方式与之沟通，提供建议。

通过这样的主题班会，老师与学生之间的那层薄雾就会被逐渐驱散，无疑成为了一盘排忧解难的点心，为我们后续的班主任工作打下坚实的基础！

（四）让学生放松心灵

主题班会不一定要在课内进行，天气不错的时候，可以组织学生到操场上开室外主题班会，进行许多适合学生的户外小组活动，不为比赛，只为放松。在活动中尽量让每一位学生都能参与进来，这样既能培养他们的团队精神，同时又能从参与者和观察者两个角度分享心得，在了解自我的同时，也能欣赏他人的优点或指出其问题。既能使他们生理健康，又能使他们心理健康，更能促进他们社会适应能力健康！

（五）促进学生锻炼能力

班级里的学生很多，而且都有自己独特的个性，可谓形形色色。因此，班级里每天都会出现不同的现象，有正能量的也有负能量的……但都来自学生、来自课堂……是班级真实情况的再现、是全体学生共同生活的再现。可以在主题班会中轮流让学生做节目主持人、选取主题、筛选内容形式等等！此过程都能很好地从知识面、创新视角、心态、语言组织、应变能力等多方面锻炼他们、培养他们、历练他们，从而大大地提高他们各方面的能力！

定期召开主题班会不仅能够解决学生间的矛盾，还能够全方位提高学生的综合素质，因为主题班会的召开是具备明确的教学计划和教学内容的，并且全程需要学生群体的参与和配合，他们在对主题班会的设计与实施的过程中能够全方位提高自身的创造能力、交流能力与组织能力等一系列的综合素质，还能充分发挥学生群体的主观能动性。定期召开主题鲜明、教育性强的主题班会对学生的成长有着至关重要的作用。

（六）丰富学生的精神世界

我一直在思考班会的形式，后来我想到了给学生放电影。选择什么电影呢？为什么让他们看这部电影？看完电影之后会起到什么效果呢？当时我首先考虑给同学们放《三傻大闹宝莱坞》，但看完影片后，我觉得电影中的有些镜头不宜在公开场合观看。所以决定给同学们放《当幸福来敲门》，这部影片是一部励志片，有关梦想，有关奋斗，有关责任，有关亲情，是部难得的教育片。

在放片伊始，我对学生提出了以下要求：第一，做好观看影片的准备工作，中途不能随便外出；第二，不能讨论，不能说话，保持纪律；第三，关闭窗户，不能影响其他班级；第四，边看边思考，想感受；第五，周五晚写感受；第六，下周一早自习谈感受，班主任开班会。这些要求的提出使同学们感到看电影不是一味地放松，而是有纪律、有任务要求的。在整个观看影片的过程中学生们纪律较好，无大声喧闹，而且由于给同学们布置了任务，同学们观看得格外认真。

周一自习课是我负责的课，我把它临时变成了班会课，让学生们上台谈感受。

学生 1：每个人都应该像电影中的主人公一样，要心存梦想，要为之奋斗、为之奔跑。只要你心中还有梦想，你就应该努力；只要你努力，梦想就会实现。

第一章
小学社会主义核心价值观主题班会的发展

学生2：每个人都有追求幸福的权利，在追求幸福的道路上每个人都是平等的。幸福就像故事中所说的是由不同的环节构成的，我们所要做的就是做好人生的每一个环节，那样你就能得到幸福。

学生3：有心人天不负，只要不懈努力终有回报。只要你还活着，人就没有自暴自弃的理由。

学生4：也许康庄大道并不是最好的，艰辛也许更值得回忆。世界予我以痛，我却以歌报之。让我们微笑着面对生命中的不如意。

学生5：哭在成功时。男主人公面对艰辛没有哭，但面对孩子时却偷偷地流下了眼泪。面对一次考试的打击，我们不要流泪，面对生活中的失意，请不要沮丧。当你实现梦想之时，请你尽情地流下眼泪。

学生6：我想提出一个问题：若我们的身上发生着电影中的故事，我们还能坚持下去吗？有多少人会选择放弃？我想告诉大家一句话：选择堕落，你没有资格！

学生7：梦想是自己的，是别人夺不走的。也许在梦想的道路上你会受到质疑、遇到很多麻烦，但请你记住你的梦想是你自己的，只有你自己才能实现，所以不要管别人怎么看你，你只需坚持就行了。

还有部分同学谈了感想，在此不再列举。学生的发言得到了同学们的认可与赞许，获得了阵阵掌声。下面我也想和同学们分享一下我的感受。

第一，关于幸福。幸福应该首先是动词，然后才是名词。幸福需要我们不断追求，需要我们像加德纳那样不停地奔跑，勇敢地面对生活中的困苦，适时地擦去自己脸上的汗，或者还有泪。在追求幸福的道路上充满艰辛，有时会让我们遍体鳞伤，有的人坚持下来了，有的人崩溃了。坚持下来的就有可能获得幸福。所以我要说困难与挫折本身就是幸福的一部分，因为是困难与挫折使你获得的幸福更值得品味。

第二，关于梦想。梦想是我们前行的动力，我们每个人都需要梦想。梦想可大可小，可以关于学习、关于未来、关于爱情等。我们必须做梦，更要付诸现实。在这里我要向那些梦想者致敬，向那些曾努力为自己的理想而奋斗却没有获得自己理想中幸福的人们致敬，因为无论你努力了多久，每一滴汗水都是真实的。如果你现在处于学习的低谷，请你记住一句话：成功的意义是当你处于人生低谷的时候你反弹的高度是多少。

第三，关于自己。我想和大家分享这样一句话：纵使你与别人有着天渊之别，但你要永不退缩。自己爱自己，自己相信自己，自己推着自己走向未来。

作为一名教育工作者，无论何时都应该把德育放在教学过程中的突出位置，促进学生的德智体美劳全面发展，完成德育的终极目标——立德树人，进而培养出更多符合新时代要求的学生。这就离不开主题班会这一重要的工具，教师通过灵活地运用主题班会对学生进行教育，能够更好地完善学校的德育教育，助力小学生的健康成长。

（七）让学生积极融入班级

传统说教式的管理方式会降低学生学习的兴趣，让学生产生抗拒和叛逆的心理。因此，班主任积极创新主题班会开展的形式，以朗诵、表演、辩论、表彰等多种形式开展主题班会活动，能提升主题班会的感染力和渲染力，让学生积极参与到班级主题班会中。比如，班主任设置情境化的主题班会形式，让学生们以"中国梦，我的梦"为主题开展演讲活动，让学生在激情四射的班会活动中受到启发和熏陶。班主任让学生们扮演心理咨询师以咨询答疑的方式提出成长的困惑，为学生表达自我情绪搭建一个良好的平台，能在潜移默化中提升学生解决问题的能力。班主任利用现代信息技术采用图片、视频、音频等多种形式的内容进行教学，让学生保持饱满的热情和好奇心开展学习，寓教于乐。

班会主题的设定贯穿于整个班级日常管理活动中，班主任在管理中要防微杜渐，以较高的预见性及时发现问题，迅速反应，让歪风邪气被有效遏制。班主任把握住开学、节假日、考试前后、校园活动等关键教学时间节点。让学生自主筹备和设计班会主题，制定班会活动，在民主性的班级氛围中锻炼学生的协调力和团结协作能力，让班会的开展充满针对性和实效性。例如，在刚开学时，学生们讨论制定了"开学第一课"的主题班会活动，班主任给学生们播放相关专题片，学生们在讨论中阐述了个人学习目标、个人成长格言，参与讨论班训和班级格言等各项内容的制定工作，让学生们将个人成长与班级荣誉联系起来，能促进学生进步。

班主任在班级管理中，借助主题班会的平台，邀请家长参与到班会活动中，让家长了解学生在班级中的表现，让家长对班级管理建言献策，能让教师更了解每一个学生的个性特点，提升教师进行班级管理的针对性，开展因材施教的教育管理活动。教师创新主题班会开展的形式，利用远程微信视频的方式，让家长跟班会现场的学生们进行连线对话，通过家长对学生在主题班会活动中的表现进行点评和指教能提升学生参与活动的积极性。班主任开展各种形式的班级管理形式，让家长和班主任达成教育管理的共识能大大提升教学管理的效果。例如，班主任创设"亲子体育"主题班会活动、让家长参与到以"亲子阅读动员"为主题的班会活动中，能形成家庭教育和班级管理的合力，优化班级管理效果。

绝大多数小学所开展的主题班会都存在着模式化严重的问题，简而言之就是"班会课，按时开，先总结，后展望"的模式，无论从时间的安排、主题的选取还是时间的长短等多个方面都遵循一个模式，这种一成不变的班会模式很难起到良好的教育效果，失去了主题班会应有的教育功能，无法调动学生参与主题班会的积极性，同时还导致了学生对主题班会的抗拒。

这里所说的节日性，实际上指的是班会的主题选取围绕节日、纪念日或重大事件展开，例如母亲节、教师节或党的周年纪念日等等，而在非节日或纪念日期间，就会减少主题班会召开的频率，这就完全改变了开展主题班会的初衷，对主题班会所具备的教育功能也是很大的削弱，不利于小学生群体的健康成长。

教育工作者们如果想要更好地实现德育教育，完成立德树人的根本目标，首要任务就是培养学生的爱国情怀。祖国是哺育所有人的母亲，是所有生命的摇篮，对于小学阶段的学生们更应注重爱国教育，培养他们对祖国的热爱。因此在主题班会的开展过程中要合理地穿插进爱国主题。例如在班会上组织学生们学习《没有共产党就没有新中国》《黄河大合唱》《七子之歌》等典型的爱国主义题材的歌曲，并鼓励学生们报名参加节日的合唱演出节目，让他们在表演中增加对祖国的感情，更好地理解歌曲的主题和内涵，激发学生的爱国情感，培养他们的爱国情怀。

主题班会的核心是主题，只有加强对班会主题的创新，选择学生感兴趣、符合他们需求的主题，才能充分调动小学生参与主题班会的积极性，提高他们对主题班会的认可程度。这就要求教师在组织开展主题班会的同时，必须对班内学生的情况有充分的了解，针对性地选择大家都感兴趣的主题，奠定整个主题班会的基调，将德育教育潜移默化地渗透到主题班会的开展过程当中，营造出一种"润物细无声"的感觉，从而培养出更多德智体美劳全面发展的优秀学生。

在主题班会的各个环节当中，反思环节是最后一个环节，同时也是最为重要的一个环节，特别是在以德育为主题的主题班会当中更是如此，而反思工作并不仅仅是教师单方面进行的，它需要的是师生的共同参与、群策群力，大家共同在主题班会上分享自己的收获与心得体会，并指出本次主题班会开展过程当中的不足之处与未来的改进方案，这样才能提炼出本次主题班会的精华，充分把握本次主题班会的效果，为学生带来更加深刻的德育教育。

班主任在日常班级管理工作中主要是构建良好的班级组织，推进班级文化的形成，形成健全的班级管理运行机制。班主任实施各项管理策略的途径是通过开展主题班会传达班级管理的方向和策略，让学生们在交流合作中发表见解，以民主、平等的方式选出相应的班干部成员实现自治和自我管理。班主任开展主题班会中让学生们研讨班级发展的目标，让学生们明确自身的责任，能充分发挥学生个体在班级建设中的作用，增强学生的责任感和凝聚力。

班主任虽然是班级的管理者，但是学生是班级管理中的主体，教师对班级规则的制定必须尊重学生的心理诉求，满足学生进行自我管理的需要，因此，班主任在班级管理中让学生对班级管理建言献策，提出自己的建议，教师和学生、学生和学生能够开诚布公地实现思想上的交流和互动，双方在交流中能增加情感积累，拉近师生间的关系，让教师和学生在信息交流中达到思想情感上的统一，有助于营造民主和谐的班级氛围。

第二节　社会主义核心价值观在小学教育中的体现

一、主题班会中融入社会主义核心价值观教育

（一）在主题班会中做好审美引导

有效的学习应从活动开始获取感受，进而发表看法，然后进行反思，再总结形成理论，最后将理论应用于实践。因此，班主任应该花心思策划一些能激发学生兴趣的活动，将我们的教育意图融入其中，让学生在体验中获得快乐，在快乐中感悟人生的哲理，这比我们生硬地灌输要好得多。

主题班会："我所欣赏的老师和同学"。

班会目的：让学生学会欣赏身边的人，在欣赏中提高对班级的认同感和归属感，无论是欣赏的人还是被欣赏的人在整个活动中都是幸福的，在同学的互相交流中共同分享自己的幸福，从而达到增强班级凝聚力的作用。

在整个活动中，我的责任是负责照相和最后5分钟的班会总结。班会进行了两个小时，我一次次地被震撼，一次次地被感动，虽然与他们朝夕相处，但在每天中都发生着那么多不为多数人所知道的感人故事，这些故事深藏在同学们的心中。应该说，这次班会给了他们一次释放、交流的机会，学生获得的感受比预期的效果要好得多，"欣赏、信任、凝聚"成了这次主题班会的成果。

班会后，我们教室的宣传栏里和墙上都贴满了"我所欣赏的老师和同学"的介绍材料和主题班会感言，也有许多学生表达了对我的感激和感谢，我与学生之间、学生与学生之间更加亲密和团结，班级正气盎然，凝聚力空前增强。

（二）在主题班会中做好问题引导

每个时代的学生都有各自的时代问题。由于经济发展带来了社会整体生活

条件的改善，再加上多数家庭是独生子女，现在的小学生普遍存在着感恩意识淡薄、自我意识膨胀、享乐主义思想严重、吃苦耐劳精神匮乏等时代问题。利用主题班会这个大舞台，引导学生观察问题、思考问题、展开讨论、明辨是非，是个很好的做法。

如主题班会："做一个感恩的人"。

班会目的：学会感恩，善待身边的每一个人，引导学生做一个知恩图报的人。感恩意识淡薄是当代小学生普遍存在的一个严重问题，这与独生子女、生活条件优越有关，如何通过班会解决这一问题值得思考。可采用多种形式，多管齐下，多方位、多角度地设计这次主题班会，在整个活动中，让学生多观察、多思考、多讨论、多发言。在与同龄人的交流碰撞中澄清对问题的认识，弄清自己该如何做，比老师苦口婆心的说教效果要好得多。

（三）在主题班会中做好成长引导

作为一名班主任，应对学生的终生发展负责，做好小学阶段学生应具备的素质、能力和品质的培养工作，为其终生发展奠定良好的基础。要教导他们珍爱生命、懂得感恩、学会欣赏、勇于实践，做优秀的人，干成功的事，过幸福的生活。让学生以主人翁的意识参与组织主题班会课是实现这一目标的有效途径。

主题班会："我的未来不是梦"。

班会目的：让学生立足实际，着眼未来，从自己的特长和爱好出发，思考自己的未来，制定详细的人生规划。有了目标，才不会在人生的航程中左右摇摆、犹豫不定；有了目标，才会为了目标的实现而全力以赴，才能实现"只为成功想办法，不为失败找理由"的做事准则。

在整个活动中，一股催人奋进的力量在主导着每一名同学，为了未来，为了实现自己的梦想，我们今天该怎么做？学生完全投入了对自己未来的设计和为实现这一设计自己该怎么做。这一主题班会，激起了学生的高度参与，是学生在为自己的未来着急，是学生在为自己的未来想办法，是学生在为实现自己的梦想互相鼓励、互相帮助。老师和家长则成了促成这一梦想变为现实的领路人和帮助者。

通过以上各种形式班会的举行，学生在主题班会中的主体地位得到了很好的发挥，真正把学生当成了主题班会的主人，把开展主题班会的主动权还给了学生，把活动的时间和空间更多地交付给学生，让学生自主、自愿、积极主动地参与到班会开展的整个过程中，通过亲自的体验与感悟，让学生在自我的内化过程中培养良好的道德情操，促使其人格不断完善。这样开展的主题班会，才能逐步实现"一切为学生的发展而服务"的最终目的。

二、对于主题班会中核心价值观教育的反思

（一）现状审视：小学主题班会课的反思与追问

1. 小学班会课"主题缺失，思政要素少"

班会课在很大程度上成为班级"事务课"，班主任利用班会课回顾一周工作，布置一周任务，导致主题缺失，班会课的思政教育功能被淡化。2021年是中国共产党建党100周年，百年大党，风华正茂。教师应意识到青少年学习党史的重要性，创设红色德育课程迫在眉睫。发挥身边红色发轫的优势，"收集红色故事，参观红色基地，重温红色精神，传承红色基因"让红色思想深入学生心间。

2. 小学班会课"说教的多，情景体验少"

当前，说教式的班会课几乎成为一种常态。班主任喜欢在班会课上讲大道理，"干巴巴"的说教和"凶巴巴"的批评，"班会课"变成了"说教课"和"批斗课"，孩子们对班会课充满了畏惧心理和排斥心态。

（二）路径突围：社会主义核心价值观特色主题班会课的改进与实施

通过情景模拟体验来改进与优化小学主题班会课，结合具体的生活化案例，开展模拟场景体验，感受成长。场景式模拟体验学习是一个备受学生青睐的全新的学习理念与学习方式。在这个过程中，学生可以秉持自己的个性化特征与自己的小伙伴一同参与到体验式的各种学习活动中，尤其对于道德文化素养以及学生社会主义核心价值观的培养而言，更加有利于促进学生的主体意识和学生的全面发展。

1. 氛围模拟——巧借红色主题文化感受学习

（1）走访红色基地，重温红色记忆

在中国共产党建党100周年之际，为了让学生真切地感受党的成长史，我们组织了"参观××抗战纪念馆活动"，重温那段艰难的抗战史。

学生在老师和家长的陪同下，集体参观了××抗战纪念馆。走进纪念馆，

映入眼帘的是纪念广场内一整墙的日本投降书和抗战牺牲将士名录,密密麻麻的黑色文字,瞬间把时光带回了那段沉重的历史。进入馆内,第一篇章的主题为"日军入侵,山河破碎",让学生感知着他们的前辈曾经遭受的苦难;第二篇章的主题为"侵略罪行,不容淡忘",控诉着日寇占萧时期,对萧山人民犯下的滔天罪行;第三篇章的主题为"奋起抗战,日月重光",讴歌了萧山军民不畏强敌、奋起抵抗、誓死不降、最终取得胜利的抗战过程;第四篇章主题为"反思战争,永续和平",历史是人类最好的老师,现在在二战的爆发地波兰维斯特普拉特半岛上,仍然矗立着巨幅标语"永远不要战争"。

通过观看纪念馆的一幅幅照片,学生的心灵得到了一次洗礼。作为祖国的花朵,我们要牢记光荣历史,更加努力地学习,珍惜现在的生活,长大后为祖国母亲的繁荣富强做贡献!我们低头看到胸前的红领巾更鲜艳了!

(2)观看红色电影,重温红色精神

为激励学生珍惜现在的生活,真实体会幸福生活的来之不易,在学生幼小的心灵里播下红色精神的种子,我们班发动孩子观看红色电影,重温红色精神。如,林同学观看了电影《建党伟业》。他说:"看完这部电影,感受到革命烈士为了建立新中国,不惜抛头颅洒热血,他们用生命换来我们幸福的今天。低下头,看着我每天戴着的红领巾,我想这一抹红一定象征着烈士的鲜血,时刻提醒着我们每一位少先队员,要珍惜这来之不易的和平年代,一定要好好学习,用自己最大的力量报效祖国,少年强则国强!"韩同学观看了电影《地雷战》。他说:"看完这部电影以后,我了解了一些关于抗日的历史,知道了和平年代来之不易,要好好珍惜。在此同时,我们也要好好学习,将来把祖国建设得更美好、更强大,心向党跟党走,让我们祖国更加繁荣昌盛!"

2. 角色模拟——巧用红色主题文化渗透班会

从红色教育基地现场参观回来后,我们组织了"学习抗日小英雄,传承红色基因"主题班会。通过故事演绎,重温红色精神,传承红色基因。孔子曰:"见贤思齐焉,见不贤而内自省也。"古往今来,榜样的力量是无穷的。我们心有榜样,学习英雄人物、先进人物、美好事物,在学习中养成好的思想品德追求,才能从小立志,树立梦想。

(1)班会课上,胡同学给大家讲了"小兵张嘎",配合侦察排长罗金保巧妙完成侦察任务的故事,胡同学将小兵张嘎的机智勇敢表演得惟妙惟肖,同学们幼小的心灵在他们的表演中得到了洗礼和升华。

（2）张同学、沈同学、李同学等孩子还表演了"海娃送鸡毛信"的课本剧。

老师：小英雄张嘎机智、勇敢应对敌人的威胁，巧妙完成侦察任务；小英雄海娃沉着、冷静应对敌人的盘查，圆满完成送信任务，为国家立了大功。同学们，他们的这种精神值得我们好好学习！

（3）傅同学、朱同学等朗诵《当我戴上红领巾的那天起》。

（4）全体孩子表演歌舞《红星闪闪》。

老师：通过几位小英雄事迹的学习，我们更应该珍惜现在来之不易的学习机会，我们要勇敢面对学习和生活上的困难，乐观向上，勇往直前，传承红色精神。（同时布置课外作业：通过前面几次活动，安排学生写写活动的感受）

3. 实践模拟——巧用红色主题文化播种信念

（1）分享感悟，渗透红色精神

老师：通过前面的校外参观活动和主题班会，相信学生对"我们的红领巾为什么是红色的"已经有所体会和感悟了。今天我们班队课的主题就是"学习红色精神"分享。

李同学分享：《我的红色之家》。

我出生在一个红色之家！

我的曾祖母是一名有着66年党龄的老党员，她一直扎根在农村工作……

我的祖父是一名有着41年党龄的军人，他把青春和热血洒在了他热爱的国防事业上……

我的母亲是一名有着13年党龄的普通党员干部，她一直奋战在服务群众的第一线，她告诉我，每次看到办事群众满意而归的笑脸，她都觉得无比开心！

鲁同学分享：《红色衙前，世代传承》。

今年我们伟大的党成立100周年了，我的外婆是一个老党员，那天给我讲老家衙前革命者李成虎的故事……听完外婆讲的故事，我久久不能回神，李成虎爷爷这种"敢为人先，不怕牺牲"的革命精神，定将被世代传承。

老师：我们要像这2位小朋友一样，学习老一辈们的讲奉献、敢担当、有责任的精神，学习先烈"敢为人先，不怕牺牲"的精神，让红色精神世代传承，我们要努力学习，学好本领。

（2）大手拉小手，打造红色文化

"红星闪闪，童心向党"，在"老干部局手工艺志愿服务队"剪纸奶奶们的配合和帮助下，我们班级开展了一堂有趣而有纪念意义的家长课堂。此次家长课堂的主题是："建党百年剪出红色记忆，童心向党传承爱党精神。"在剪纸奶奶们的指导下，学生动手剪了党徽、红船和党旗。不仅锻炼了小朋友的动手能力，更是在建党百年之际传承了红色基因。

一把把剪刀在学生的手中，幻化成了魔法棒、炫彩笔……动手剪出了漂亮的红船、闪闪的党徽，还制作出生动的一幅画。学生学习到了剪纸的知识，动手剪成了自己的作品，还体验了建党百年的红色记忆。

（三）研究成效：开展特色主题班会课的收获与感悟

1. 模拟体验是最好的学习

模拟体验是学生发掘知识和提升自我的最佳途径，只有学生自主参与到班会活动中，学生的情感认知和对知识的理解深度才能系统提升。因此模拟体验让小学生的班会课教育更加有生命力。利用假日游学、家长进课堂、主题班队活动等载体，体验红色精神，把红色教育内容转化为内在的精神动力和学习动力，激励更多的同学爱党爱国。课堂内外增底蕴，由内而外展风采。班级开展的题为"学习百年党史　争做红色传人"教育成果展示活动，精彩演绎了学生心中的那抹红色，感受到了时代少年的力量，收到很多家长发来的感谢话语："我们觉得组织这样的活动太有意义了。""通过这次系列活动，孩子对于党有了更深刻的认识，榜样的事迹、革命的故事更加端正了孩子的三观，充盈了孩子的正气。"

2. 模拟体验是最好的老师

要让学习者对知识有深层理解，并且乐于去积极探索其中的知识韵味，其核心在于班会活动或者班会过程中必然有触动学生的好素材和好环境。因此只有在学生的模拟体验中埋下种子，学生才会学习得更加深刻。教室墙面上粘贴学生亲手绘制的生动伟人画像、党员家长的真挚感言。每每走过此处，总会引得学生驻足欣赏，在开展"绘制伟人画像，党员家长抒感言"活动中，学生在绘制中了解党史，感悟红色精神；家长在感言中回顾党史，感慨党的伟大，图文并茂间让红色教育不断走向深处。家长们走进课堂，讲述红色故事，传承红色基因。某同学妈妈，为队员们上了"红领巾学院"思政微队课"弘扬红船精神，争做真善美好队员"，在"强国有我，请党放心"主题队会中主讲了《习近平爷爷在干什么》。另一位校外辅导员某同学妈妈，积极参与亲子活动，作为红色家庭的代表。

3. 模拟体验是最好的课堂

学习与实践从来都是不能被分割的，只有将学习的行为置于特定的实践活动中亲身体验，学生的思维认知和对知识的深加工才能在模拟体验中完成。因此模拟体验作为一个新的学习场域是最好的课堂。如，3月"学雷锋，我们在行动"亲子故事分享活动，一则则励志故事，让学生体会了助人为乐、吃苦耐劳的精神；4月，"红星闪闪，童心向党"剪纸活动，通过剪纸奶奶的言传身教，激发队员爱党爱国热情；"小小红船，童心向党"六一活动中，积极投入义卖行动，将所得捐赠给偏远地区队员，与爱同行。学生还开展了"寻访红色足迹，争做革命先锋""传承红色基因，争做时代少年""寻找红色记忆，致敬建党百年""寻访先辈足迹，传承红色精神"等游学活动，在寻访中了解红色故事，学习先锋榜样精神。以常态化姿态，让红色基因融入学生日常学习生活中，启迪指挥，振奋精神。

（四）后续思考：小学特色主题班会课的讨论与反思

在多元文化融合的影响下，小学生的生活方式、学习方式、思维方式都出现了明显的变化。探究通过模拟体验，加强学生自我认同感、责任认同感，让每个学生都满怀希望，让学生在不断的模拟体验中认清自己，不断发现自己的成长和进步，在学生幼小的心灵中，根植复兴中华民族的种子，从小培养学生的爱国主义情怀。

第三节　主题班会与社会主义核心价值观的融合

一、主题班会在对小学生进行社会主义核心价值观教育中所发挥的作用

随着信息技术的不断发展，人们获取信息的方式越来越多，也越来越方便。因此，在这种情况下，有人认为在现实中对学生进行社会主义核心价值观教育就不太必要了，因为这些内容学生们都能够从网络上学习到。然而，笔者认为，在当前利用主题班会这种形式对于学生进行社会主义核心价值观教育仍然有着其不可替代的地位。之所以说主题班会在对小学生进行社会主义核心价值观教育中仍然发挥着重要的作用，主要原因就是小学生虽然在知识上面有了一定的积累，但是在社会经验上还十分缺乏，面对网络上的许多观点往往难以自己做出独立的判断，容易人云亦云。

而社会主义核心价值观是我国在经济社会发展取得新的成就以及出现新的问题的情况下，提出的一套科学完整的价值观体系。社会主义核心价值观对于当前我国的经济社会发展能够起到很好的思想保证，尤其是对于小学阶段的学生来说更是如此。

小学生正处于青少年时期，这个时候可以说正是建立自己的知识体系，树立世界观、人生观和价值观的重要时期。在小学阶段利用主题班会的形式对学生进行社会主义核心价值观教育，有助于学生从小就树立起正确的人生选择和价值取向，同时对于小学生的学业发展也能够起到非常重要的推动作用。因此，一定要充分利用主题班会的这一优势，对小学生进行科学的社会主义核心价值

观教育，同时培养学生对社会主义核心价值观的实践能力。

二、利用主题班会来对小学生进行社会主义核心价值观教育的方法

（一）选择合适的班会主题和内容

在当前对学生进行社会主义核心价值观教育，有许多的方法可以运用。在利用主题班会这种形式对学生进行社会主义核心价值观教育的时候，首先需要注意的就是要选择合适的班会主题和班会内容，因为对学生进行社会主义核心价值观教育时，选择合适的内容对于主题班会开展得成功与否发挥着非常重要的作用。在开展社会主义核心价值观教育的时候，要善于选择当前一段时间一些国内外重大新闻或者热门话题来对学生进行社会主义核心价值观教育，因为这些话题和内容学生更加熟悉也更加感兴趣，因此选择这些内容在主题班会上对学生进行社会主义核心价值观教育能够起到事半功倍的作用。例如，笔者在最近的一次主题班会上，就以当前最为热门的中国空间站建设为例，让学生意识到中国科技的强大发展，从而吸引了学生的兴趣，提升了对学生进行社会主义核心价值观教育的效果。

（二）丰富主题班会的形式

在利用主题班会这种形式对学生进行社会主义核心价值观教育的时候，除了要选择合适的班会主题和班会内容之外，还有一点需要注意，那就是一定要不断丰富班会的形式。现在的小学生思想观念较为活跃和开放，假如一直采用传统的班会形式，容易让学生产生一定的逆反情绪。因此，在利用主题班会这种形式对学生进行社会主义核心价值观教育的时候还应该注意采用更加丰富的班会形式。

（三）培养学生在实践中弘扬社会主义核心价值观的能力

对小学生进行社会主义核心价值观教育最根本的目的和落脚点还是培养学生在实践中弘扬社会主义核心价值观的能力。因此，在利用主题班会这种形式对学生进行社会主义核心价值观教育的时候，无论是在班会的内容还是形式的选择上，一定要与现实实践相结合，一个优秀的主题班会一定是一个能够让学生从实践之中学习到更多经验的班会。因此，当运用主题班会的形式对小学生进行社会主义核心价值观教育时，应该时刻注意培养学生在实践中弘扬社会主

义核心价值观的能力。

当前我国正处于政治、经济、文化以及社会等各个方面的重要转型期，在这个阶段对小学生进行社会主义核心价值观教育显得尤为重要。主题班会这种形式对于社会主义核心价值观教育具有得天独厚的优势，因此，一定要充分利用主题班会的这一优势，对小学生进行科学的社会主义核心价值观教育。在利用主题班会这种形式对学生进行社会主义核心价值观教育的时候主要应该注意选择合适的班会主题和内容，最主要的形式就是选取当前一段时间国内外的一些重大的新闻事件；丰富主题班会的形式，不要将班会的形式拘泥于普通的班会，可以开展辩论、演讲以及社会实践等多种班会形式；培养学生在实践中弘扬社会主义核心价值观的能力，理论学习的最终目的就是要将理论应用于实践，所以将社会主义核心价值观的理论在现实中学会运用同样重要。

（四）坚持问题导向，让学生在现实中引发共鸣

党的十八大提出的"三个倡导"的24字社会主义核心价值观"富强、民主、文明、和谐、自由、平等、公正、法治、爱国、敬业、诚信、友善"。践行社会主义核心价值观，大力弘扬和实现伟大的中国梦是我们每个公民应尽的责任和义务。学校作为德育教育的主阵地，应当大力宣传和教育学生时刻牢记社会主义核心价值观。兰州市华侨实验学校，是一所区属学校，家长水平良莠不齐，学生素质参差不齐，甚至对家长、长辈不礼貌，任性、刁难的现象时有发生。针对现阶段班级学生的特点，本人抓住"友善"话题，执教了一节"友善之花香满园"主题班会课，本人以家喻户晓的歌曲《六尺巷》悟道理，引出话题"友善"，通过说一说，看一看，议一议，让学生感悟友善。再从个人视角和社会视角，通过"辩论"的形式探究社会热点话题，如"罗一笑事件""老人摔倒好心人去扶反被讹诈""校长撑腰体爆红网络"等，自然引导学生书写友善倡议书，呼吁学生传递友善：勇于担当，践行友善，做一个友善的人！通过媒体资源挖掘时尚、鲜活、深刻的时事热点素材，坚持以问题为导向，让学生在现实中引发共鸣，让学生真切地明白"友善"不是空谈大道理，不是大家办不到的事，而是表现在我们生活的方方面面，让学生认识具体的"友善"："友善是一个温暖的微笑""友善是一次亲切的问候""友善是一个热情的帮助""友善是理解""友善是尊重""友善是欣赏""友善是给予"……

（五）善用正反典型，让学生在比较中明辨是非

孝顺双亲、尊重师长一直是中华民族的传统美德。但是近期，本人发现班上出现一种不正常的现象：大多数学生跟父母或爷爷奶奶说话很没礼貌，甚至和他们顶嘴，把父母的叮嘱当作一种管束，嫌弃他们唠叨、麻烦。原因有二，一方面是班上独生子女居多，在父母的呵护中长大，自私任性，以自我为中心，很少从父母的角度去体谅父母的艰辛与不易。二是由于长辈的溺爱，对他们百依百顺，长此以往，便养成习惯，最后自己也只能自叹自怜。于是，我立即选择"孝亲"话题，执教了一节"百善孝为先"主题班会课。通过观看自编自导的视频《妈妈的一天》，让学生初步感悟亲情，深刻认识到父母对我们的爱是一种慈爱，是出门时的千叮万嘱，是在家时的唠唠叨叨，我们应该懂得珍惜，懂得感恩。然后通过古今中外赞颂父母的歌曲、演绎亲情的故事、讴歌亲情的诗词名言等孝亲正能量的故事，让学生充分感受父母亲情的无私与伟大。通过播放家庭调查视频，让学生更直观地看看他们在家时的表现，如因小事与家长顶嘴、争吵等面红耳赤的场面。然后趁热打铁，分小组当堂表演生活中的反面典型，不肖子孙如何对待父母、长辈与朋友。课后，大多数学生在思考、评议与比较中明辨是非，深刻认识到我们对父母的爱就是一种孝道，是一句亲切的问候，是一个温暖的拥抱……从"感谢父母"延伸到"常存感激之恩"，学会感恩，学会关爱他人、帮助他人，积极并自觉用实际行动发扬和传承中华民族优良的传统美德。

（六）设计体验环节，让学生在实践中感同身受

2015年，教育部新颁布的《中小学生守则》，为学生的道德品质的培养指明了方向。我们通过创新设计、针对班级学生特点，采取灵活多样的设计体验环节，真情演绎，进行有效的德育教育渗透，让学生在实践中感同身受，引导他们认知并践行《中小学生守则》，在今后的社会交往中自觉将社会规则内化为内心的道德行为。与此同时，我们创建良好班级文化，不仅是贴在墙上的励志名言，更是一种观念到行为实践的展现。走进我们的教室，你会发现这里的每一面墙壁都会说话，具有教育内容，富有教育意义。它时刻鞭策着学生"超越自我，争创辉煌"。他们在不知不觉中，在潜移默化中，爱上自己的班级，自觉成为班级小主人。我们通过现代媒体资源建立班级QQ群、微信群等，将课堂知识延伸至课外，对学生进行"反复教育""追踪教育"，将道德实践过程

以图片、文字、小视频等方式，随时与同学分享"我的进步""我为班级做点啥""我的风采""我的学分币"和"我的努力看得见"等，记录孩子们成长的精彩瞬间、思维变化的历程，收到了意想不到的效果——班级的凝聚力和集体荣誉感大大增强，规范了学生的行为习惯，培养了学生的健全完美人格。

三、案例展示

案例：我的身体会"说话"——正面管教系列主题班会

【班会背景】

为纪念建党100周年，落实小学生立德树人的根本任务，拟通过班会课让小学生结合社会主义核心价值观中的文明，养成良好的行为习惯。

本节课将融入正面管教核心理念和工具，通过"感恩致谢""主题研讨＋头脑风暴""特殊时光"三个参与式环节，让孩子们通过认识肢体语言，从而学会在特殊情况下用肢体语言来表达情感，传递文明，以身体力行的文明向祖国和党献礼。

【班会目标】

1. 了解肢体语言在特殊环境下的作用。

2. 让他们通过各项活动感受肢体语言给他们带来的情感体验，让他们学会在恰当的环境中使用恰当的肢体语言来传递文明。

3. 让学生学会通过肢体语言向自己的好朋友、老师、父母传递情感，传递文明。

【重点难点】

1. 重点：让学生知道在特殊的情况下，用肢体语言代替言语更加彰显文明。

2. 难点：如何正确地运用肢体语言传递文明。

【班会准备】

课件、将全班分成八个组。

【班会过程】

1. 感恩致谢

谈话导入。

师聊天导入，举例致谢。

师：孩子们，今天班会课我们一起来致谢身边温暖的人。

温暖致谢。

破冰暖场——学生致谢。

过渡：（揭示课题）孩子们谢谢你们温暖的致谢。刚才我们都是用语言致谢，可是，在一些特殊的时候我们不能用言语表达。（板书）

隔空拥抱。（出示图片）

观察图片：孩子们你们看，这位小朋友是用什么样的方式跟白衣天使致谢的呢？（生回答）

互动：我们也用这种特殊的方式来跟白衣天使致谢好吗？（动作致谢）

揭示课题：从你们的动作当中杜老师感受到了，不仅你、我们的嘴巴会说话，身体也会说话，接下来就让我们一起进入今天的主题班会——我的身体会说话。

设计意图：以致谢导入，是正面管教视角下班会课的特殊导入方式之一。致谢环节可以快速拉近与孩子的距离，让孩子们迅速进入状态，并通过致谢感受温暖，传递爱。从而过渡到图片，让学生从图片中感受除了言语之外，还可以用另一种方式来表达。

2. 认识肢体语言

视频：《特警力量》片段。

师过渡：在我们国家还有一种职业，他们的身体也会说话，他们就是——特警。你们看——他们在执行任务时是用什么方式来沟通的？

（生观看视频并思考）

认识特警在执行任务时是用什么方式来沟通。

思考：谁来说说，他们在干吗？这时候，他们用语言的方式来沟通行吗？

了解肢体语言。看看肢体语言除了能像特警一样来传递信息，还能传递些什么？

总结过渡：今天就让我们一起来认识一种新的沟通和交流方式——肢体语言。看看肢体语言除了能像特警一样来传递信息，还能传递些什么？（板书）

设计意图：此环节让学生通过视频初步接触到肢体语言，更直观地感受肢体语言的作用，了解特殊情况下如何使用肢体语言。

3. 感知肢体语言

（1）情境感知

视频一：《午休时分》片段。

思考：从老师的动作和值日生的动作中你感受到了什么？（生答）

总结：在这种情况下，我们用肢体语言代替言语，更加彰显我们的文明。

视频二：《图书馆》片段。

思考：在图书室内大声喧哗，如果你是旁边的同学你会用什么方式向他们传递文明？（生答）

总结：大声喧哗不仅影响他人学习和活动，也是一种不文明的现象。

设计意图：以孩子们熟悉的场景作为情境，让孩子们通过观察感受在学校的场所，用肢体语言代替言语，更加彰显我们的文明。从而让孩子们明确在学校的哪些场所、哪些情境下我们可以使用肢体语言。

（2）头脑风暴

小组合作，主题讨论：

a. 在校园里，有哪些情况下身体语言可以代替说话，彰显文明？

b. 在校园外，哪些公共场所可以用肢体语言代替说话，彰显文明？

小组汇报—老师总结。

总结过渡：其实人与人之间的交流，说话只占了很小的一部分，有时候一个拥抱、一个眼神，不仅传递了文明，更胜过了千言万语。

设计意图：头脑风暴这个环节，更好地体现了正面管教主题班会课的核心：以学生参与式为主。让孩子们深入地参与到主题讨论中，通过小组合作的形式，内化学习内容和主题，明确学习目标。

4. 践行肢体语言

情景表演：当你遇到这些情境，你会用什么样的肢体动作来表达你的想法！

场景一：在学校，放学排队时……

场景二：外出活动，参观红色纪念馆时……

设计意图：该环节的设计是希望孩子们通过头脑风暴后，把小组合作学习讨论的结果，融入实践，通过表演的方式来践行本节课的主题，从而内化和升华本节课的内容。当学生们在表演的过程中，就可以观察出孩子们是否已经理解本课主题，并将其融入情境中。

（小组表演—展示表演—老师总结）

5. 感悟肢体语言

（1）特殊时光。全班做手语操《中国字，中国人》，感悟肢体语言的魅力。

（2）老师总结：希望你们都能用你们丰富的肢体语言来传递文明，传递爱，我想这就是对祖国最好的献礼！

设计意图：特殊时光这个环节是正面管教视角下主题班会的特色环节，既是对一节课的总结，也是对孩子们上完一节课后的奖励。形式可以丰富多彩，主要以游戏为主，充分调动孩子们的感官和四肢，让孩子们动起来，从而在一片欢乐的氛围中结束课堂。

【班会反思】

本节课运用正面管教核心理念和工具，让孩子们通过本堂课的学习，在情境中了解肢体语言的存在，在体验中学会使用肢体语言，在头脑风暴中知晓了哪些情况下肢体语言可以代替说话更彰显文明。

正面管教主题班会课分为三个部分：感恩致谢—主题讨论＋头脑风暴—特殊时光。老师通过感恩致谢环节与孩子们拉近距离为开展主题做好铺垫，而孩子们通过老师不同梯度的指引，换一种角度了解到原来有时候"无声胜有声"，并通过学生的分组讨论和头脑风暴，在课堂不同情境的渗透和演练后，学会了在不同情境下用不同的肢体语言来表达想法，传递文明，传递爱，最后在特殊时光的活动中希望孩子们通过这堂课的学习，在生活中善于去发现肢体语言的魅力，学会正确恰当地使用肢体语言。

第四节　主题班会设计的技巧与方法探索

一、小学主题班会实施的有效性策略

（一）注重主题班会的实际性

说到实际性，首先解决的是主题班会中出现的内容单调、形式套路的现象。在开展安全教育类的主题班会时，教师不能只局限于观看有关教育防范视频和口头讲解，最主要的是要联系现实生活实事求是。比如开展防范溺水安全的主题班会，夏季是溺水事件的高发时期，由于小学生年龄较小，心智不太成熟，调皮贪玩，这就需要教师在班会上悉心讲解。教师可以进行课堂示范，用一盆水当作河流湖泊，用粉笔当作学生，通过实际示范让学生们肉眼清楚地看到粉笔沉底并慢慢溶化的危险现象，从心底里对河流湖泊水库一类有水的地方有所防备。然而这些远远不够，解救措施必不可少。

教师可以利用 PPT 动画形式让学生直观明了地看到解救办法。遇到有关地震、火灾这样大型的危险现象，学校要做好相应措施。学校可以通过实际演练，模拟逃生过程，并对表现优良的班级进行全校表扬。这样可以让教师对主题班会有新的认识，增加教学经验。学生经过一系列模拟练习，熟悉逃生方法，可以在第一时间做出正确的应对反应，保护自己的生命。结合实际，把知识教育应用到现实生活中，通过道德教育让学生知道生命可贵，责任所在。

（二）注重发挥学生的主体性

主题班会的开展主要还是培养学生各方面的素质，让学生增加对主题班会实施的兴趣，所以注重发挥学生的主体性是第一步。教师在传输教育知识的时候要始终尊重学生的问题和建议，聆听他们心中的想法，而不是一味自我陶醉。想要提高主题班会的质量，教师的正确引导和学生的积极参与两者缺一不可。

教师的引导是帮助学生明白主题班会的核心主题，把握班会的开展节奏，主人公依旧是学生们。在开展主题班会时，教师可以通过小组讨论来调动学生的积极主动性。

举例说明，有关感恩的主题班会，教师先进行简单的引入，然后将学生分组讨论。学生在讨论期间可以和老师进行互动，教师通过学生们的实际情况来进行最后的总结概括。增加学生们的参与感，把自己的亲身经历与大家分享，明白感恩无处不在，感恩父母，感恩每一位善良的人。这样做不仅仅让学生知道感恩这个词语，而是在往后的岁月中始终保持善良，拥有懂得感恩的心。

（三）注重提升教师的专业性

主题班会大部分都是班主任主导进行的。这就对班主任自身的职业道德素养有较高的要求。班主任需要不断地提高自身的职业素养，提升自己的专业性。这需要分两类情况来讲：第一是刚入教的年轻教师，由于刚刚步入教育行业，对许多教学工作不熟悉。这时就需要这类教师平时多多积累有关主题班会的经验，多与博学多闻、阅历丰富的教师进行讨论沟通，借鉴这类教师开展主题班会的模式。还可以通过阅读有关教育的书籍来丰富自己的知识和经验，提升自身的专业性。第二是对于资深教师，不能认为自己教学经验丰富，专业化程度高而安于现状。面对教育行业注入的新鲜血液也是需要了解和改善的。三人行必有我师焉，虚心请教其他教师，通过交流分享心得，创新自己以往开展主题班会的流程。

（四）利用故事讲解的方式来渗透德育教育理念

故事对于小学高年级学生具有吸引力，学生非常喜欢倾听故事。可以用于小学故事讲解来进行德育教学的故事有很多，例如《张汤审鼠》《曾子避席》《孔融让梨》等，这些故事都是古代传统故事，成为后来人们广为流传的佳话。通过故事会分享的方式，可以鼓励学生在生活中进行各种故事的搜集和整理，再结合课堂计划来进行故事的分享，能够鼓励学生进行自主的知识学习。并且，再通过引导的方式还有助于学生进行语言表达能力的锻炼和自信心的培养。

（五）利用电影的方式来进行德育教学理念的渗透

主题班会活动也可以用电影播放的方式来进行德育教学理念的渗透。电影的播放能够使学生在学习的过程中调动多种感官来进行知识的学习，将德育教学理念和电影相互结合起来,开展电影主题的班级班会活动,能够真正地做到以寓教于乐的教学方式,将教学和娱乐相互结合起来,不仅可以调动学生的学习情绪,还能够使教学达到更好的效果。例如,举办爱国主义主题的班会活动,为学生播放爱国主义教育题材的电影,能够培养学生的爱国精神,增强学生的文化自信。除了在班级内部进行统一的电影播放方式以外,在现代的信息技术引导之下,还可以利用多种智能软件来进行线上的教学活动,使学生能够在学习的过程中更好地感受爱国主义情怀。并且,高年级学生本身已经具有了一定的自主思考能力,可以鼓励学生在观影之后来进行观后感的书写和记录,更好地将学生的感悟和体会进行收集和整理,再结合学生对于教学的反馈来进行教学方式和教学内容的改进和提升。

(六)利用情景设置的主题班会活动来进行德育教育

教学本身需要具有一定的时效性,需要结合时代的发展规律来不断地更新教学理念,积极地寻求新的教学方式来提升教育教学的质量和效率。增强班会实践活动的时效性,能够使德育教育的效果更好。可以在特定的场合和故事背景之下鼓励学生进行相应角色的扮演,使学生在进行问题思考的过程中更好地进行角度的变换。首先可以结合时政热点来进行讨论,鼓励学生表达自己的想法,根据学生的表现进行评价和引导,才能够更好地发挥主题班会教学中的德育教育功能。例如,是否应当扶起摔倒的老奶奶?如果是你的话,你会怎么做?可以首先在班级里进行场景的还原和模拟,让学生分别扮演不同的角色,同时需要表现出角色的心理变化。最终再帮助学生选择正确地对待这类问题的解决方式,在保护好自身的前提下再帮助他人,尽可能地避免不必要的纠纷。小学生本身属于未成年,在遇到危险和困难时更是需要积极地寻求周围大人的帮助,使得相关的问题能够进行解决。

二、主题班会的创意设计和组织

(一)主题班会的设计认知

由以上案例,我们不难看出什么是主题班会、主题班会的作用、主题班会与普通班会的区别、主题班会存在的主要问题、主题班会材料来源、主题班会的设计、主题班会设计的重点、主题班会内容的选择、主题班会形式的更新等。

1. 主题班会的作用

一是学会做人；二是获取信息、提高能力；三是发挥特长、发展个性；四是增强凝聚力、优化班集体。

2. 主题班会类型

活动类型：一是讨论型；二是体验型；三是表演型；四是叙事型。主题：一是节日主题；二是日常主题；三是政治主题；四是阶段主题；五是偶发主题。

3. 当前主题班会存在的主要问题

一是教师无视学生主体的包办式、主宰式；二是缺乏个性的模仿式；三是毫无组织的放羊式；四是毫无新意的陈旧式；五是给人看的表演式。

4. 主题班会材料来源

主题班会材料来源主要是《思想品德》课本、《教师报》、《德育报》、《时政》；还有有关德育著作，如卢勤的《告诉孩子，你真棒》《告诉世界，我能行》；杂志《读者》《意林》等。资料收集的渠道主要有三条：一是自己寻找；二是家长推荐；三是学生推荐。

5. 主题班会的设计

一是材料积累；二是形成活动方案；三是确定实施步骤。

6. 主题班会设计的重点

一是立足纲要，抓住特点，合理规划；二是围绕中心，选定标题，拟订方案。

7. 主题班会内容的选择

一是内容要具有竞争性；二是内容要具有鲜活性；三是内容要具有新奇性；四是内容要具有审美性。

8. 主题班会形式的更新

一是求新；二是求变；三是求优；四是求多。

（二）主题班会在德育教育中的作用

1. 有利于激发学生参与热情

传统教育模式下的德育教育工作，主要由教师主导，教师习惯通过说教的方式向学生讲道理，告诉学生哪些事情可以做，哪些事情不能做，学生本身具备一定的独立思考能力，教师如果过分地强调说教很容易导致学生产生逆反心理，不仅不利于德育的顺利实施，甚至影响师生关系。将主题班会应用于德育教育，这是激发学生参与热情的重要保障，相较于传统的德育教育模式，主题班会能够通过多种形式开展德育教育，德育工作不再强调于理论上的讲解，而是更偏重于实践，这样一来学生能够将德育知识点应用于现实生活，并且加深对德育内容的理解，以培养学生良好的道德品质。

2. 有利于落实德育教育目标

明确的德育教育目标是德育工作顺利实施的保障，传统德育教育模式下，教师的德育目标并不清晰，许多教师只是将德育作为一项任务来完成，忽略了对学生的引导和教育。在运用主题班会开展德育教育的过程中，每个主题班会都有明确的主题，这样一来，德育教育目标才能落到实处。相较于教师缺乏目的性的德育活动，在目标清晰的主题班会活动中，学生能够按照教师设计的流程融入德育活动，从而确保德育教育落到实处。

3. 有利于构建和谐师生关系

和谐的师生关系是德育教育顺利实施的基础，传统德育教育模式下，教师与学生之间的关系停留在知识传授者和知识接受者的层面，教师习惯以高高在上的姿态与学生相处，忽略了和学生之间的平等对话，这就导致师生关系存在一定隔阂。借助主题班会开展德育教育的过程中，教师与学生始终处于平等的地位，师生需要共同完成德育主题班会，这样一来，教师与学生之间接触更加频繁，在深入的交流互动中，师生之间能够相互理解相互配合。基于和谐的师生关系，学生更愿意配合教师完成德育活动，从而进一步提高德育教育质量。

三、主题班会在德育教育中的应用策略

（一）设计具有德育内涵的主题

在设计主题班会的主题时，教师应当积极引入德育元素，突出主题班会的德育价值。选题必须具有针对性，教师应当根据不同年段学生特点选择适合的主题，比如对毕业班的学生进行关于友情和离别的主题班会，引导学生正确看待友情、学会珍视友情。此外，选题还应具有较强的德育价值，确保德育主题对学生现实生活具有一定的指导意义，结合时事热点，同时又对学生的学习和生活具有指导意义。

（二）创新主题班会组织形式

在德育教育中应用主题班会，教师还应创新主题班会的组织形式，确保趣

味性的主题班会活动对学生产生积极的影响，激发学生的参与热情。以情境式主题班会活动为例，在组织主题班会活动之前，教师应当了解学生的生活经历，将学生生活中经常遇到的问题带到课堂，并通过角色扮演的方式将问题还原到课堂，鼓励学生围绕问题进行互动讨论，以寻找最佳的解决办法。除了由教师组织主题班会活动之外，还可以由学生自行组织主题班会，教师则扮演旁观者的角色，成为主题班会的一员，当学生遇到问题时，教师应当帮助学生答疑解惑，但是主题班会的主体仍是学生。在形式多样的主题班会活动中，学生能够更加深入地理解德育内涵，在轻松愉悦的课堂氛围中感受到德育的魅力和价值。

（三）做好主题班会的总结工作

学生成长环境不同，认知事物的方式和角度也各不一样，这就导致学生对德育内容的理解不尽相同。组织主题班会活动时，教师不仅要关注学生参与班会的表现，同时也要结合德育内容为学生进行总结。主题班会活动中，学生具有发表各自观点的机会，教师应当对学生的表现和语言做好记录，并在主题班会临近结束时做好总结工作。教师首先需要对学生参与主题班会的表现进行评价，帮助学生学会如何参与主题班会，在此基础上还应根据主题班会的德育内容，将知识点进行梳理，深刻的德育知识转化为可执行的活动，鼓励学生在现实生活中践行德育价值观。

（四）主题班会有助于教学改善

主题班会课有利于师生在思想情感上的统一，发展师生间积极的人际关系。在班级管理过程中，有的学生被老师批评指正后，不但没有悔改之意，反而对老师怀恨在心，实在是令老师头痛。究其原因，主要是学生没有正确认识到错误，而教师可能只看到了学生的缺点，没有因材施教。教师的说教已经失效了，那么主题班会课则给了教师另一条途径。如，开展"猜猜他是谁"主题班会课，为班级中的每位孩子准备一段话，描述每一位孩子的优点和特点，并送上老师的节日祝福。通过本次主题班会，学生得到了老师的表扬和鼓励，非常高兴。

学生在校园生活中会遇到许许多多的困难与烦恼，学生得不到有效帮助，会引发诸多心理问题，如，上课分心、厌学、叛逆等，阻碍学生的健康成长。充分利用主题班会这个平台，能够有效帮助学生解决问题。如，让学生把自己难解决的事、令自己苦恼的事写成纸条并收集讨论，班主任循循善诱、悉心指导，同学们帮忙出点子，通过大家的帮助和鼓励，有效促进学生身心的健康成长。

四、主题班会的实施策略

作为班主任，尤其是年轻的班主任，要清楚认识到主题班会课在班级管理中的作用。基于以上对主题班会实施意义的理解，我认为一节好的主题班会应达到调动学生积极性，培养学生养成良好行为习惯，树立正确的价值观的目的。

（一）善于发现问题，做学生的知心人

在班主任平时的教学工作中，在孩子的学习、生活中处处蕴藏着教育的契机。教师平时应该主动接近学生，关心学生，善于在教育教学过程中发现问题，做学生的知心人，想学生之所想，急学生之所急，以学生的问题为基础，以解决学生的问题为目标，帮助学生获得有益的启示。例如，在学期开学初，为了更快了解新接手班级的学生情况，我准备组织一次新学期主题班会。为此，在组织班会前有必要了解清楚孩子的想法。请每个学生在纸上写下自己新学期的感想和打算。了解学生的思想动态后，我和全班共同确定了新学期主题班会的主题为"新学期，我准备好了"。以此主题召开班会，我能够快速了解学生的心声，为今后的班级管理工作奠定了基础，也能够帮助、引导孩子尽快步入学习的正轨。

（二）以学生为主体，做学生的引路人

当前大形势下，主题班会多是教师的一言堂，或者是单纯的理论课。老师在台上滔滔不绝，学生在台下昏昏欲睡，完全达不到育人的效果。主题班会应该和常规课堂一样，都应该是以学生为主体，教师为主导，我们必须把握学生主体的地位这个立足点。发掘每个学生的特点，相信学生，相信他们的能力，让主题班会成为每个学生发展的平台。教师在主题班会实施过程中，则是学生的"引路人"，充分发挥学生的主体意识，激发学生进行自我教育。例如，在班级管理中，坚持以小组合作的方式进行，引导学生发挥主人翁精神，为小组争光，争荣誉。在开学初依据学习积极性、发言积极性等将他们分组，然后利用一节主题班会课让他们选出自己组的组长和代言人，给自己小组命名，为小组的学习计划出谋划策。在主题班会上凝聚小组力量，进行通力合作。传统的以老师为主体的主题班会已经过时，我们只能做这个课堂的导演，把舞台交还给学生，让他们在这里成长。

（三）贴近学生生活，让学生有话可说

许多班主任在面对学校安排的德育主题时，往往缺乏思考和钻研，只是作为学校的传话筒，生硬地灌输，照本宣科，这样的主题班会无法使学生产生共鸣，育人的效果也很勉强。班会主题应着眼于贴近学生的生活，帮助和引导他们更好地学习和生活，不能一味空泛地讲知识。春节过后，每个同学都有了一笔可观的"收入"。一回到学校，他们都在晒自己的压岁钱，晒自己的新玩具、游戏里面价格不菲的新装备，晒自己去旅游花了多少钱。针对这一教育现象，召开了题为"小小精算师"的主题班会。在分享会上教师无须评论好与不好，而是留给同学们自己思考和感悟。最后，让他们写一份计划书，为如何使用压岁钱写一份计划。通过这样的主题班会课，学生逐渐清晰自己的开销，并进行价值观的引导，学会做一个精打细算的人。在这样的主题班会上，教师无须对学生进行传统价值观的引导和民族优良传统的宣扬，通过分享会后的反思，对学生的教育价值和意义比单纯的说教来得更有效。

（四）针对学生暴露出来的问题，实时召开主题班会

对于小学生来说，他们的心理与智力发育还不完全，很容易受到来自外界的影响，不了解社会的规则，难免在成长的过程中面对各种各样的问题。而任何小的问题都可以成为一粒思想的种子在学生心里生根发芽，好的种子能长成参天大树，坏的种子则会损害身心健康。作为小学班主任，一定要了解学生生活与学习的方方面面，实时掌握学生的动态，了解学生可能受到的诱惑和难以解决的困难，从而帮助学生树立正确的价值导向。班主任要针对班级出现的问题及时地召开班会，把不良的思想与行为及时扼杀在摇篮之中，给学生营造一个良好的班级氛围。例如教师某天看到学生在食堂吃饭时总是会把米饭随意地拨弄来玩乐，从而导致饭粒散落在饭桌上。针对这种情况，教师在当天的自习课上就临时组织一次班会活动，让学生珍惜每一粒粮食。教师可以让学生观看种子从埋在土里，然后一点点地生根、发芽、长叶等生长过程与加工过程，让学生认识到是农民伯伯辛勤劳动的汗水才换来的我们眼前的食物，让学生停止浪费食物的行为，从而培养学生正确的价值意识。

（五）主题班会活动主题的合理选择

对于一个成功的班会活动，自然离不开一个清晰而明确的班会主题。班会主题，是良好班会的导向，班主任要根据班会主题设置教学活动，学生要根据

班会主题理解教学内容。主题的选择一定要符合社会主义价值观的要求，符合学生的心理需要和心理需求，符合生活实践，才能够引领教师与学生一同获得心灵的成长。作为小学班主任，一定要给班会确定一个明确的主题，设计本节课的教学目标的教学方法以及需要达到的教学目的。例如教师在培养学生良好的日常习惯时可以以"礼仪知识知多少"作为班会的主题，让学生了解日常行为规范；教师在培养学生懂得感恩父母时可以以"做个孝敬的孩子"作为班会的主题，让学生了解父母的辛苦，感受父母对自己的爱，从而懂得感恩的意义；教师在让学生学会如何与人交往时可以以"尊重他人，传递温暖"作为班会的主题，让学生学会站在他人的角度去思考问题，学会与人为善，从而塑造学生美好的品格。

（六）合理使用媒体技术

网络技术，在我们的生活中发挥着越来越广泛的作用，它能够将图像、声音、文字结合起来，让人享受一场视听盛宴，从而获得美的享受。同样，多媒体技术也可以运用在班会的教学活动中，让学生从多角度感受世界的魅力，拓宽学生的视野。作为小学班主任要将多媒体技术运用在班会教学之中，让学生在精美的幻灯片、优美的音乐、生动形象的视频制作中深入地领会班会主题。例如班主任在开展"养成良好行为习惯"的主题班会时，可以利用多媒体展示一些拥有良好品行的人的图片和生活经历，也可以为学生播放《感动中国十大人物》，还可以播放有教育意义的音乐，让学生在优美的教学环境中身临其境地感受人物的魅力，让学生学会热爱祖国、勤劳勇敢、艰苦奋斗、孝敬父母等中华民族优秀的传统文化，从而达到思想教育的目的。

（七）合理设计游戏活动

游戏，作为一种活动形式，能够让人在获得快乐的同时学习到知识，也能够在游戏过程中去认识和了解世界。小学班主任可以让学生在游戏过程中学习和交流，培养学生团结协作的意识。例如在"团结互助"的班会活动中，教师可以让学生分成小组，然后让每个小组的成员手挽手围成圈坐在一起。教师在吹响哨声的同时，每个小组的学生要在手挽手的情况下站起身来，哪一个组的成员先全部站起来则为胜利。在游戏过程中，先站起来的学生总会去主动帮助小组内其他同学，争取小组的胜利。通过这样的游戏活动，教师让学生学会了团结协作的重要性，让学生懂得要常常向他人伸出援助之手，从而培养学生美好的道德情操。

小学阶段是学生习惯形成的关键时机，如果能抓住这一时期的小学生进行有效的教育，可以达到事半功倍的效果，否则很难养成良好的习惯。

良好行为习惯的养成教育是促进小学生全面发展的重要保障。素质教育就是要培养全面发展的人，养成教育是进行素质教育的重要内容，良好的行为习惯是养成教育的重要组成部分，小学阶段的学生正处于各方面迅速发展的时期，小学阶段培养学生的良好行为习惯非常重要，习惯成自然，习惯总是在无形当中影响人的日常生活。

（八）模块式助力主题班会设计开展

1. 学习能力模块构建

学习是学生的本职任务，主题班会在开展中就要以构建学习能力模块为基础，通过该种班会对学生进行学习能力、学习方法、学习情绪以及动机的训练和辅导，让学生养成乐于学、主动学的好习惯。在进行班会中，班主任可以与各个任课老师一块儿商量班会的组织过程，让任课老师对学生实施教育，进行学习动机的引导，让他们将学习当作一种享受的过程，并不断地进行持续增强。在学习情绪引导中，要通过实施常识性的教育，充分肯定学生在学习中存在的优点，委婉指出缺点，让所有学生都意识到班主任和任课老师的关心，从而克服不良学习情绪对学习的影响。在学习行为引导中，主要是通过方法指导，让学生形成良好的学习习惯，比如微课讲解、小组合作探究等，告知学生这些学习方法使用策略，让他们学习有序、学有效率。

2. 人格培养模块构建

该模块化主题班会主要目的是促进学生的社会适应能力，锻炼他们的意志品质力，主要是让学生对自己进行认识，能够对自己的情绪进行自我调节，遇到困难的事情能进行自我处理。在班会的安排上，可以进行自我意识的引导，让学生在班会上说出最近自己对生活的看法，遇到了哪些问题，慢慢地让他们进行自我控制。在情绪引导上，要让他们了解并表达自己的情绪感受，学会对情绪进行控制，班主任可以针对每个学生的日常情绪建立情绪档案，对学生进行持续观察，通过正面引导，逐渐地让他们头脑开窍。在人际交往引导上，可以在主题班会上创建兴趣小组，帮助学生认识到有助于增进其人格魅力的个性品质，懂得日常交往的技能和方法。对于青春期的引导，则是让学生们学会正确地与异性交往，建立正确的伦理观，形成健康的心理品质。

3. 生活能力模块构建

我们都知道很多小学生都是独生子女，他们的生活能力真的很一般，基于该普遍情况，可以开展生活能力主题班会。通过休闲引导、消费引导、基本生活技能辅导，进而培养学生健康的生活情趣、乐观的生活态度和良好的生活技能。班会主要内容可以包括：自理能力引导、良好生活习惯引导、乐观生活态度引导和生活技能辅助。在休闲引导中，让学生做到张弛结合，培养他们的业余爱好，扩大知识面，增加生活经验。在消费引导中，通过一些社会案例或者劳动教育，让学生树立正确的金钱观和消费观，了解消费的一般知识，学会选择与放弃。需要注意的是，在进行生活能力教育中，班主任一定要树立学生的主体地位，当他们在学习中遇到困难、不解的问题时，鼓励其通过独立思考或者小组合作探究的方式解决，而不是将答案直接告诉他们，这样就能显著提高其分析和解决问题的能力，满足当前素质教育的要求。同时班主任除了要关注学生的学习成绩外，也要从多方面对学生实施评价，尤其是德育评价，挖掘学生在其他方面的潜能，进而激发其个性，提高学习效率。

第二章

社会主义核心价值观主题班会的设计原则

在社会主义核心价值观主题班会设计中，既要渗透认知，又要积极行动；既要注重个人教育，又要融入集体；思想与情感因素也需要得到激发。此外还有一些常见的方法与原则，可以根据实际情况选用。

第一节　认知与行动相结合

一、多维度渗透理念认知

（一）确立明确鲜活的主题班会活动主题，深度渗透德育认知

对于农村小学的学生而言，主题班会活动是一项长期性、持久性德育途径。而教师对主题班会活动主题的设定，则往往决定着活动的整体效果与发展基调。因此，教师在确立主题班会活动主题时，必须切实关注、了解、把握学生现状，并根据学生的兴趣爱好、常规表现、身心状态、诉求意愿等确定阶段性主题。而且，班级主题班会活动的主题确立，必须与学校的长期性、总体性规划相一致。借助班级阶段性主题班会活动的浸润，为学生长期性健康发展助力铺路。另外，还需要根据班级学生德育教育需要与实际，对活动的主题适当延展、调控，以确保其可以更好地服务于学生世界观、人生观、价值观培育。在有必要的情况下，可以动员学生集中参与至每一阶段班会主题的确立，并针对学生行为表现、日常规范、发展需要等，落实对学生心灵、思想、意识等的塑造。除此之外，活动主题的确立，还需要与地域实际、传统文化、民风民俗等有机关联起来，以从不同角度、视域落实对学生的思想认识、价值观念培育。实现了对传统文化的传承与弘扬，丰富了学生的体验与感知，提升德育教育的效能。

对小学生而言，他们尚未形成成熟的思想，小学是小学生品德养成的重要阶段。但由于如今小学的教学课程的局限性，无法满足当今小学生对于德育的要求。因此，在丰富多彩的日常主题班会中渗透德育教育是十分有必要的，对培养学生良好的道德观念与高尚的人格品质都具有一定的现实意义。

例如：为了帮助小学生更好贯彻"文明、诚实、守信"的做人原则，做一个有优良品质的文明小学生，我在班级召开了"诚实为本，从我做起"这一主

题班会。首先，我组织活动开始，提出问题：你认为自己是一个诚实的人吗？我们谈谈身边存在哪些不诚实现象。同学们各抒己见，自由发言。接着我明确总结，同学们刚才说的大家平时经常看到的不诚实的现象是不正确的，我们要坚决与这些行为划清界限。接着我会再问学生：作为一位小学生，我们应如何做有诚信的人。学生之间互相讨论，积极踊跃发言。最后我总结：我们每一位同学都应该做一个诚实守信的孩子，从小做起，从我做起。通过这种主题班会形式构建学校生态德育理论，满足儿童品德发展的需要。

（二）构建多元丰富的主题班会活动设计，拓宽学生认知视域

主题班会活动的目的在于通过常规性教育、引导的落实，实现对学生良好习惯、基本意识、综合素养、健全人格的塑造。但是，传统主题班会活动的开展，重点以室内说教为主，辅助性实践活动较少。其在实施途径、手段、方式等方面的弊端，导致预期教育效果不够理想，对应的教育目标也难以达成，且不利于对小学学生认知视域的拓展。

将主题班会活动与地域实际、校本实际、学生实际结合起来，构建起更为完备的教育体系，多为学生提供一些实践、参与、体验的机会，则更利于主题班会活动目标的达成。因此，教师在设计主题班会活动时，应加强对其实践性、延展性的凸显，从学生认识出发，适当融入一些延展性、实践性、体验性活动，让学生在活动中获得教育与感染，以切实提升主题班会活动的实效性。

（三）落实精细有效的主题班会活动评价，塑造学生健全人格

学生参与主题班会活动过程中的评价，直接影响着其作用的发挥与功能的彰显。而且，教师评价活动的开展，无形之中会激发起学生对主题班会活动的参与热情。既强化了学生认知，又培育了学生人格。因此，根据学生在主题班会活动中的各方面情况，教师应灵活渗透一些针对性评价。根据学生日常表现，结合预期教育目标，对学生提出客观、中肯的评价与鼓励。让学生在认识自身不足的同时萌生更为迫切的改进、抓变意愿。通过评价引导学生反思，组织学生剖析，倡导学生参与，使主题班会活动的开展更精细化、更具精准性。另外，还需要发挥好班级宣传阵地的作用，开展对应的评比活动，就某一阶段学生的表现等予以展示，让学生在主题班会活动中找到真正的存在感与幸福感，借助和谐教育氛围的营造，实现对学生健全人格的塑造。

随着经济的发展和社会的进步，心理健康被人们愈来愈重视，尤其是对小

学生的心理健康教育尤为重视。当代小学生的心理比较脆弱，看待问题往往不够成熟，也不够全面。此外，由于物质条件的提高，他们摄入的营养比较充足，导致他们身体发育早，而小学生往往难以面对这种身体变化，又不好意思与家人或朋友沟通，只能通过网络的了解来解决自己的困惑，但网络上存在一定的负面影响，使用不当时，会阻碍他们的健康成长。因此，作为小学班主任有必要开展一些心理健康教育方面的主题班会。

例如：为了对学生更好地进行心理健康教育，我班开展了以"接纳自我，乐观自信"为主题的心理健康教育班会。首先，我请往届的毕业生来讲述自己乐观自信的成功经验，通过真实案例强调乐观自信的重要作用。然后，使用多媒体向学生展示平常会遇到不自信事情的案例，并询问学生：当自己遇到类似事情后如何应对？全班学生一起讨论并发言，接着我总结学会接纳自我，乐观自信的方法。最后，由班内学生共同制作"接纳自我，乐观自信"小画报并在画报上签字。这样的主题班会有利于同学们都意识到要正确认识自己的优缺点，学会以正面积极的心态去迎接生活中的挫折。学会了与同学沟通，与老师沟通，与家长沟通，正确对待别人的评价，学会为自己而奋斗，不断完善自我，做更好的自己。

（四）以传统文化为主题，提高文化认知素养

优秀的传统文化是小学教育的重要内容，是素质教学的重要资源。这些通过时间洗礼后的优秀传统文化，是中华民族发展的重要维系点之一。今天的小学生素质培养仍需借鉴古代传统文化中的优秀部分，优秀传统文化中包含着的道德规范与今天的小学生素质培养具有一致性，可以将优秀传统文化用于小学生日常素质教育中，从而提升其道德品质，促进小学生健康成长。

例如：为了让同学们认识到勤学的重要性，端正同学对待学习的态度。我班开展了"中华传统美德——勤学"，在班会过程中，穿插了一些古今中外的名人勤学故事，让同学们更加清晰明了地认识到自己对待学习的态度是否端正。首先，我用多媒体向同学们展示关于勤学的格言并请学生发言自己所知道的勤学格言。接着我讲述《杨禄禅陈家沟学艺》的故事，让同学们更加正确地意识到勤学的重要性。最后，我请班里同学讲述自己所知道的勤学故事，大家畅所欲言。真正地把勤学与自己的实际生活相结合。通过加入传统文化这样的主题班会，有利于让学生感受传统文化的魅力，增强小学生的文化自信。

二、基于认知让班会行动起来

让主题班会"动"起来，不仅是班主任工作特点和专业化发展的需要，更是学校切实履行全面育人、全方位育人、全过程育人的重要体现。

（一）情境导入，让学生"心动"

情境导入，是指班主任根据主题班会所表达的中心议题，结合班级的实际，通过一定的语言文字描述或音像场景来创设生动形象的情境，激起学生学习情绪的一种教学方法。恰当的情境导入，不仅能引发学生的心理共鸣，激发学生解决问题的兴趣，更能有效促进学生积极主动地、全身心地投入班会活动中，实现教与学的和谐统一。

（二）问题探究，让学生"思动"

问题探究，是指班主任根据主题班会的内容及需求，创设问题场景，以问题的探究为中心，通过发现问题、分析问题、论证问题、解决问题等环节，激发学生的问题求知欲，让学生在解决问题的过程中，培养思维兴趣，训练思维习惯，拓展思维张力，初步形成解决问题的思考能力和思维定力。

主题班会中的问题探究，班主任要根据主题班会的核心内容，结合学生的身心特点和班级实际，创造性预设问题情景，让学生的思维更加"灵动"。

（三）多元合作，让课堂"生动"

多元合作，是指在主题班会中，班主任根据主题班会的实际情况，从学生的认知特点出发，通过师生、生生、小组间的互帮、互学、互促，相互取长补短，巧妙地调动学生课堂学习的主动性、积极性和创造性，培养学生的合作意识、竞争意识和平等意识，让主题班会的课堂更活跃、更生动。

主题班会中的多元合作，是指在班主任的精心组织和科学指导下，围绕主题班会的内核，充分调动学生个人、学生团队、教师等一切积极有利元素，让学生"动"起来，让课堂"活"起来。通常而言，班主任在主题班会中可以采用下列方式：一是问题式合作。主题班会大多是结合学生中存在的问题而展开的，班主任在主题班会过程中设置问题式的合作环节，通过师生间、生生间、小组间的相互提问，实现互为答疑，互为解惑。二是表演式合作。为了活跃课堂氛围，增强主题班会的生动性，班主任可以设置表演式的合作环节，让学生在合作表演中体验、感悟。三是讨论式合作。它是主题班会中最常用的方式。

班主任为扩大主题班会的参与面，增强主题班会的教育效果，可以结合主题班会的实际需要，就某一内容进行专题式讨论，让学生在集体讨论中明心、明口、明行，做到知行合一。

（四）实践体验，让学生"身动"

实践体验，是指在主题班会中，班主任可以结合主题班会的教育需要，有组织、有准备地将教育阵地从课内延伸到课外，由校内拓展到校外，让学生在亲身实践中检验真知、体验真知、感受真知，提升情感认知和道德认知，形成积极的人生态度，促进个性健康发展。

实践出真知。主题班会中的实践体验，在坚持主体性、活动性和生活化原则的基础上，可以采用多种实践体验方式。

2020年春，一场突如其来的新型冠状病毒肺炎疫情袭来，在疫情防控关键时期，教育部要求2020年春季学期延期开学，疫情下的"空中课堂"正式上线。如何从面对面授课顺利过渡到线上授课？学习方式的突然改变如何使学生获得更理想的上课效果？疫情期间学生最需要的教育是什么？什么样的班级管理方式才能引导学生正确认识疫情……通过线上班级管理实践来看，我认为不管是面对面授课还是线上授课，对于班主任来说，班会都是一个十分关键的教育契机，也是培养学生良好习惯的主阵地，而线上班会、线上微班会、线上家长会更是架起了师生、家校间的沟通之桥，促进家校共育，是引导学生正确认识疫情、树立理想信念的好途径。

三、认知与行动融合的主题班会设计

（一）"爱国"主题班会，培养学生家国情怀与爱国行为

人类历史上从不缺少灾难，每一次危机都是人和社会共同成长的机会。疫情的特殊时期，利用好这个特有的环境资源，对学生进行爱国主义教育，树立理想信念、责任担当，培养学生爱国之志、家国情怀。在"众志成城同心抗疫"的主题班会上，围绕84岁高龄的钟南山院士义无反顾奔赴抗疫最前线的故事，引导学生共同感受医生、护士以及各行各业劳动者的感人事迹。致敬逆行者，敬畏自然，守护生命，引导学生体会是他们用执着和坚守诠释着"无私奉献""大医精诚"和"家国情怀"，是他们用中华儿女血肉之躯筑起了抗击疫情的"铜墙铁壁"，肩负起中华儿女的责任担当。

（二）"自律"主题班会，增强学生自律意识并养成良好习惯

每一个人成长的过程多半是伴随着痛苦的，就像种子冲破外壳、稻谷艰难抽穗，每一分收获都需要付出千倍百倍的努力。线上授课，没有了学校课堂的上课氛围，学生往往容易出现惰性，良好的作息时间、生活习惯就显得尤为重要。在以"自律"为主题的班会上，我向学生发出"学习要有仪式感"的号召，在网课开始前，要求学生调整好积极的学习状态，做好准备工作，比如：调整好上课的电子设备、准备好课本和学习用品、提前喝水去厕所……并且要求学生一定要换上日常上学时的衣物，端端正正坐在电脑前等待网上授课。同时，引导学生自己制定作息时间表，明确起床、上课、读书、写作业以及运动游戏的时间，并尽量按照时间表去执行，减少电子产品的使用时间，增强自律意识，培养良好习惯。

（三）发起线上倡议，建立健康意识并提升学生身体素质

疫情期间，加强体育锻炼、提高免疫力就是抵抗病毒最好的良药。由于学生居家学习，活动空间的限制，运动也随之减少。为增强学生体质，通过微班会发起线上倡议，运用体育老师精心设计的种类多样、内容丰富的家庭锻炼活动，指导学生每天在家中利用客厅、走廊等小场地进行至少一小时科学有效的体育锻炼，提高身体免疫力，预防病毒感染。同时，积极与家长沟通，号召家长暂时放下紧张的工作，一起加入家庭运动中，增进亲子关系，为疫情防控献出自己的一份力量。

（四）"心理疏导"班会，引导学生理性认知面对疫情并积极做好应对

教育，不只是教给学生知识与能力，更重要的是培养良好的习惯、引领学生精神的成长。居家防疫期间，为学生及家长创造了增进亲情的机会，但再幸福的家庭也混杂着斗争与乐趣。在与家长的沟通中发现：个别学生出现紧张、焦虑、烦躁等情绪，居家时间里，亲子关系也逐渐成为焦点。作为班主任，如何帮助学生及家长处理这种情绪呢？通过"微班会""线上家长会"等做好学生的心理疏导工作，给学生以情感慰藉，告知学生如何正确地面对疫情，学会沟通、学会如何与父母相处；另一方面，引导家长高质量地陪伴，相互尊重彼此的自主意志和选择自由，以积极的视角看待家庭冲突，加强与班主任及各科教师的沟通与交流。同时，通过微信或QQ进行家访或与学生进行线上谈心，走进学生及家长的内心，加强家校沟通，积极面对疫情。

（五）调节学生思维方式，克服消极情绪并主动努力

疫情肆虐，带给我们灾难与痛苦，但这不仅是一段难熬的时光，更是每个人人生中的一堂课、一次经历。因此，在面临学生紧张、焦虑、烦躁的时候，在面临学生不停地追问"老师，疫情什么时候可以结束？""老师，什么时候开学？"的时候，一节以"转变思维方式"为主题的班会课应运而生，因为课堂上再多的文字都不及今天生活给我们上的这一课更沉重。请学生收起抱怨，收起焦虑，告诉学生这个超长的假期是全国人民抗击疫情的战役，没有硝烟却关乎生死，而我们每一个人都是这场战争中的一员，不需冲锋陷阵，只要待在家、勤洗手、勤通风，从此刻起，拒绝食用野生动物，就是完成祖国交给的任务，就是为抗击疫情贡献的一份力量！

（六）创设多种居家活动，提高学生综合素质并进行多样能力训练

化疫情危机为教育契机，线上课堂之外，作为班主任，仍要统筹安排学生的日常居家生活，读书、唱歌、绘画、锻炼、书法、做家务等多种形式，引导学生参与生活、认知社会，一曲曲动人的歌声、一幅幅优美的画卷、一盘盘美味的佳肴、一个个勤劳的身影，使学生的居家生活丰富而充实，全面提升学生的综合素质。

教育者，非为已往，非为现在，而专为将来。希望在这特殊时期的在线教学模式，让我们在迎接挑战的同时，既能促进学生自主学习能力的成长和良好习惯的养成，也能使自身的教育教学水平得到更大的提升。我们也坚信，没有一个冬天不会被逾越，也没有一个春天不会到来，我们终将战胜疫情，重返美丽的校园。

第二节　个体与集体共进步

一、以问题为导向，注重集体力量

主题班会是班主任对学生进行思想道德教育的主要载体，有效地利用好社会主义核心价值观主题班会能对学生的思想教育起到积极的正向效果。针对当代小学生的身心特点，结合学科优势，以问题为导向，利用班主任团队，集思广益，去设计主题队会，将会对学生的思想教育产生事半功倍的作用。

我们的班会课该怎么上？怎么突破瓶颈？现在学生的知识储备、眼界见识让人叹为观止，我们传统的班会模式，传统的传道授业已经满足不了社会的飞速发展。我们这张旧船票已经不能登上学生的快艇，我们的自我革新之路在何方？

作为一名教师，我心里一直在琢磨：我们的班会课的内容、形式应该顺势而为，立足于时政，不断利用好生活中的素材，为班会课拓宽题材。微班会、优秀影片推荐等多种形式相结合。在行动中研究，创新教育方法，把问题当课题进行研究。

近期，我发现班里学生吃零食现象特别严重。于是，我也依葫芦画瓢，设计了一节班会课。在上课伊始，我用很轻松的心态问同学们，大家平时零花钱多不多？零花钱一般是用于哪些方面？除了几个平时比较爱学习生活比较节制的同学外，很多同学都表示喜欢在校门口或者回家的路上购买零食吃。我接着问他们都喜欢购买哪些种类的零食吃，他们购买的大多数是无厂家、无生产日期和无保质期的"三无产品"。我又问他们了不了解吃垃圾食品的危害，他们都不好意思地回答是知道的。

他们作为六年级的学生，对于吃零食，特别是吃垃圾食品的危害是了然于胸的。一方面由于自己零花钱不多，只购买得起这些垃圾食品。这些垃圾食品价格低，味道重，很能满足学生的口味。另一方面，也由于同学之间的攀比心理，学生之间经常会相互请客，吃了别人的，不再请别人会觉得不好意思。这些原因导致他们对垃圾食品过分青睐。整个过程我都是让学生说，以聊天的方式进行，没有过分的指责和批判，所以学生们都敢于把自己内心的真实想法表达出来。最后，我展示了生产垃圾食品的环境和吃垃圾食品危害的图片，直观的画面，那些飞舞的苍蝇、令人作呕的场面，让他们感受到了吃垃圾食品就是对自己生命不负责的体现，他们纷纷表示以后要远离垃圾食品，要膳食平衡，多吃健康的果蔬粮食。我也向学生承诺，会建议家长到正规商店购买零食给他们吃，不过要适度。如果他们表现良好，会在期末游园活动时，让他们带一些健康的小零食或者自己制作的美食与同学们分享。听完我的话，学生们开心地欢呼起来。整堂班会课的氛围很融洽，师生的互动很自然，教育的目标也达到了。

一个人的智慧是有限的，而一群人的智慧却是无穷的。如果单凭几个班主任的力量就能扭转传统主题队会的弊端，这无异于天方夜谭。在一个学校里，每个班主任都有自己管理班级的一套经验，在设计主题队会时多多少少都有自己的独特见解。与其大海捞针般地寻寻觅觅，还不如定期将班主任集中起来，开开经验交流会，谈谈自己所在年级遇到教育学生的难题，大家一起讨论解决办法。如果有特别好的班会设计的点子，大家可以一起分享，相互取长补短。在集体的氛围里，搞搞"头脑风暴"也是不错的形式，这样大家可以随心所欲地把自己的想法表达出来，对班会的设计、学生的管理都会有极大的益处。

在小学学校教育工作开展过程中，教师应该构建良好的班风，对于学生产生潜移默化的影响，引导学生形成正确的价值观，同时也可以有效降低学科教学的难度。在构建良好班风的时候，教师可以考虑通过"小组自主"主题班会，使学生在班会环境中进行自由讨论与探索，并交流自己的想法。通过这种方式就可以逐步优化班风环境，促进学生的健康成长。在这种情况下，就有必要针对"小组自主"主题班会的具体开展内容进行全面的分析，探索主题班会在构建良好班风方面的有效应用方式。

二、利用主题班会构建良好班风

在小学教学体系中，通过主题班会构建良好班风具有较为显著的应用意义，这里也从多个方面展开全面分析。第一，通过主题班会可以较好优化班级内部氛围，最终形成良好班风。这主要是因为在主题班会中，教师和学生之间可以进行深层次的交流互动，拉近教师与学生之间的距离，最终形成和谐的师生关系。在师生关系比较和谐的时候，主题班会就可以取得较为突出的成效，最终在良好班风建设方面发挥预期作用。第二，通过主题班会可以对学生进行专项教育，促进学生身心健康成长。对于教师来说，可以将教育内容渗透到主题班会中，使学生在参与主题班会过程中可以受到相应的教育。特别是当前小学生受到多元文化的冲击，导致部分小学生可能产生了负面的价值观。而通过主题班会的教育渗透作用，就可以较好改变这种情况，使各个小学生能够受到正面价值观的熏陶，促进他们的身心健康发展。

为了更好明确小学主题班会的开展现状，我针对小学学校的班会课实际情况展开了调查，收集了小学主题班会课的相关数据。在针对问卷调查数据进行总结以后，发现小学学校目前已经开始充分重视主题班会，同时主题班会的开展频率也有了较好的保证。这主要是小学新课标体系已经开始要求教师应该积极开展主题班会，并通过主题班会提高学生的综合素质水平。在调研中，也发现较多学生对于主题班会都有显著的兴趣，同时在主题班会中也表现出了较强的积极参与态势。通过跟学生交流以后发现，较多学生都认为自己在主题班会中会更加放松，能够较好缓解自己平时在学习与生活中的压力。这些情况都说明了小学主题班会目前已经得到了较好的开设，同时很多学生在主题班会中的参与度都比较显著，并且对主题班会也有了浓厚兴趣。从这个角度来看，小学主题班会的开展是比较成功的，较好满足了小学新课标的相关要求。

教师在开展主题班会的时候，可以通过主题班会构建良好班风。上文分析中可以知道小学教师在主题班会开展方面已经取得了较好效果，但是在使用主题班会构建良好班风方面还存在一定的不足。即较多教师虽然可以维持主题班会的良好氛围，同时使学生在参与主题班会的时候处于积极主动的状态，但是并没有通过主题班会构建良好班风，也就无法对班上学生产生长久的正向影响。之所以出现这种情况，主要是因为较多小学教师对于主题班会和班风建设之间关系认知不清晰，因此也很难通过开展主题班会构建良好班风。但事实上，主题班会可以较好优化班级内部环境，消除班级内部存在的矛盾与冲突，最终也就可以较好延伸到班风建设过程中。因此在后续时间里，小学教师可以考虑充分发挥主题班会的作用，降低良好班风建设过程中受到的阻碍。这里也提出了基于"小组自主"的主题班会模式，通过这种班会活动切实提升学生在主题班会中的积极性，并通过小组模式优化学生之间的关系，最终也就能够较好提高良好班风建设的效果。

首先，转变教师教育理念，优化师生角色地位。

小学教师在开展主题班会的时候，应该积极转变教育理念，优化师生角色地位。事实上，在新课标体系中，教师的角色地位已经发生了较为显著的变化，从以前的教育者转变为了引导者。即教师不仅要承担学科教育和德育教育等活动，同时还要做好学生的教育引导工作，使各个学生可以主动参与到学习活动中。这也要求教师在开展主题班会活动的时候，可以较好转变自身的教育理念，同时还要充分发挥自身的教育引导作用。特别是在开展"小组自主"主题班会的时候，教师更应该做好引导工作，使得主题班会的开展可以变得更加和谐。

比如教师可以开展"你比我想象中优秀"的主题班会，并在班会开始之前进行合理的小组划分，共同讨论学生的自身优点。这里教师可以引导学生在组内环境中自由评价，说出其他组内同学的优点。教师在这个过程中可以进行适当总结，使学生可以较好发挥自身的潜力并形成自信。这样以后，学生就可以具有较强的自我价值感，并且更好地融入集体环境，形成较为显著的自我认同，对于良好班风建设也具有较强帮助。

其次，引导学生自主学习，凸显学生主体地位。

良好班风的建设单单依靠教师的努力是很难取得较好效果的，还应该发挥学生的自主性，凸显学生的主体地位。这也要求教师在开展"小组自主"主题班会的时候，可以激发学生参与班会活动的积极性与主动性，维持良好的主题班会环境。在具体开展主题班会的时候，教师也要给学生留下充足的自由发挥时间，同时还要关注学生的自主探索效果。在每次主题班会结束的时候，教师也要结合学生的自主学习行为进行专项分析，同时还要让学生发表自己对于"小组自主"主题班会的看法。这样以后，教师就可以站在学生角度考量"小组自主"主题班会在具体开展过程中存在的欠缺与不足，在后续时间里进行针对性的优化与调整。

比如小学教师可以考虑开展"我和我的集体"主题班会，并在班会开始的时候进行小组划分。出于便于讨论交流的目的，可以采取就近划分小组的方式，保证每个小组成员在五人左右。在集体开展主题班会的时候，教师可以提出一些议题，由不同小组的学生进行自主探索与组内讨论，这些问题可以是"个人利益与集体利益的关系""如何在集体中正确应对他人缺点"等。通过这些议题，学生就可以在组内讨论中逐步形成集体观念，同时也可以较好优化班内环境。

再比如教师可以开展"班级管理我做主"的主题班会，并将班内学生划分为数个小组，通过组内讨论与交流，制定班级管理的制度与办法。在这过程中，教师就可以充分发挥各个学生的主体地位，并凸显他们的主人翁意识，将自己的想法融入班级管理制度体系中。在各个小组讨论完毕以后，教师还要对每个小组制定的班级管理制度进行评价，并指出他们在制定班级管理制度中存在的不足，引导他们优化这些管理制度。在各个小组的班级管理制度都得到较好优化改善以后，教师就可以考虑轮流实施各小组制定的班级管理制度，在班级管理过程中充分凸显学生的主体地位。

再次，合理协调组内竞争，构建和谐班风环境。

小学教师在开展"小组自主"主题班会的时候，也应该合理协调组内竞争关系，使小组成员之间变得更加和谐。小学生在生活与学习过程中难免会出现一些冲突，但由于小学生身心发展层次比较有限，同时多数学生没有受过挫折教育，同时在处理社交关系方面也存在较多不足，导致"小组自主"主题班会在具体开展的时候可能遇到较多阻碍。基于这种情况，教师就应该积极关注学生在小组中的具体表现，同时还要构建一个相对和谐的组内竞争关系，使各个小组成员可以正确处理自身跟其他组内成员之间的社交关系。这样以后，小学教师开展的"小组自主"主题班会就可以较好优化学生之间的关系，并延伸到班级环境中，最终形成和谐班风环境。

比如小学教师可以考虑组织开展"阳光体育"的主题班会，使学生可以在体育活动中学会如何跟其他同学进行合作。这里小学教师可以组织开展户外拔河比赛活动，并按照班上学生的实际情况进行分组，尽可能保证每个小组的实力可以平均。在开展这项主题班会的时候，也可以让体育教师参与其中，保证体育活动可以正常开展。在进行组内分配站位的时候，教师可以面向学生讲解拔河比赛各个站位的作用和合适的体质状态，由学生进行自由分配。通过这项活动，学生就可以跟其他同学进行较好的沟通与交流，学会如何跟其他学生进行正常社交，同时也可以维持较好的组内交流环境。不仅如此，通过参与这种集体活动，也可以较好改善学生之间的关系。在"阳光体育"主题班会即将结束的时候，教师还要进行活动总结，进一步优化学生之间的关系与氛围。

从次，实施岗位轮换制度，丰富学生小组体验。

对于小学教师来说，可以通过岗位轮换制度，丰富小学生的小组体验，提高"小组自主"主题班会的综合成效。小学生的生活经验本身就不丰富，同时部分学生也存在"以自我为中心"的情况，很难站在其他同学的角度思考问题。这种情况也给小学班级管理活动带来了较多的困难，同时也很难形成和谐的班风环境。但通过小组岗位轮换制度，学生就可以直接体验其他同学的组内岗位，并在岗位轮换过程中感知其他学生所遭遇的困境。这样以后，小学生就可以更好地理解其他同学，并依托于此约束自身行为，最终形成自主自律的班风。

比如教师可以考虑开展"主题班会我做主"的活动，让学生自行设计主题班会的内容过程。由于单个学生很难完成主题班会设计，因此可以让学生以小组为单位进行设计。组内成员可以分为策划员、设计员、组织员、演讲员等多个岗位，使得主题班会活动可以正常进行。在遇到组内岗位分配冲突的时候，可以采取轮岗的方式，使得学生可以相互体验不同岗位，使得组内关系变得更加和谐，最终实现构建良好班风的目标。

最后，开展小组评比活动，激发学生自律热情。

小学教师在开展"小组自主"主题班会的时候，也可以积极开展小组评比活动，提高学生的竞争意识，激发学生参与主题班会的积极性与主动性。在具体开展小组评比活动的时候，教师应该细化评比的规则，同时也要给出详细的评分标准，使得各个小学生充分信服评分体系。在具体开展小组评比的时候，教师应该记录好每一个小组的具体表现，并将其套用到评分体系中给出具体评分。如果学生对评分结果有异议，也可以跟教师进行交流，保证最终所有小组都认可评分结果。

比如小学教师可以考虑开展"创建绿色校园"主题班会，并引导学生进行自由分组，共同改善校园环境。在主题班会开始之前，可以让学生分小组进行校园环境的实地调研，搜集校园环境问题的主要表现，并在私下时间里进行组内讨论。在主题班会开始的时候，教师就可以让各个小组在班级环境中分享自己小组对校园环境问题的看法，并为校园环境问题出谋划策。教师则在这个过程中做好评比工作，选择最佳小组，优化班级的生态文明氛围，并将其融入班风建设中。

三、利用主题班会管理好个人与集体，促进两者融合

教育为本，德育先行。如果说学校的德育工作环境是世外桃源，那么以美育为特色的科大实验附小更是一方净土。学校追求"为纯美的童年而教育"；针对孩子的个性，发展孩子善心、善行、慧思、慧行、健心、健体、艺趣、艺创、勤俭、勤劳十个核心素养，为老师们开展主题班会活动化研究提供了宝贵的财富。

很长一段时间，我的班会课都是流于形式，皆采用"我讲你听"的做法，完全忽略了孩子们的年龄特征、思想特点和接受能力。自己苦口婆心，孩子们却听得索然寡味，没有多大效果。这时一个前辈告诉我：没有一个班级普遍性的问题是一次主题班会活动解决不了的；如果不行，那就来两次。这话虽然说得有些绝对，但却不无道理。

那么，怎样组织好主题班会活动，才能充分发挥它的教育效果呢？

密切关注学生近况，合理设置活动主题。

主题班会活动化，还需确定活动目标。

（一）活动形式灵活多样，激发学生积极参与集体活动

据研究发现，选择形式多样、生动活泼的班会形式有助于主题班会活动化的实现，通过多样性来提高孩子的德育认知和参与积极性，促进学生的健康成长。

案例一：情景表演——整齐行进我最棒

【班会背景】

那是一年级的第一个月，面对一群刚从幼儿园进入小学的孩子，我很多时候都感觉力不从心。从学生们课堂的坐姿、举手到课间的玩耍、如厕，所有的常规都要经过一次次的训练。最让人头疼的是让一群六岁的孩子在一个没有标志点的空旷场地走出一条直线。年级内的老师们想了很多办法：（1）口令提醒："好朋友，手拉手""小眼睛，看前面"。（2）请体育老师示范讲解：看前面隔一个孩子的后脑勺，如果看不到，就是对齐了。（3）利用体育课反复训练。

大半个月下来，孩子们能做到在教室外排得很整齐，可是一动就成"蚯

蚓"。经过思考，我决定用情景剧表演活动来解决这一问题。

【班会主题】

整齐行进我最棒

【班会目标】

1. 通过观看表演，感受队列特点。

2. 自己参与总结，儿歌帮助行进。

3. 及时巩固成果，形成良好习惯。

【班会过程】

1. 情景表演

首先我找了十个孩子提前排练了几个情景：（1）十个孩子排成一列边走边交头接耳；（2）十个孩子排成一列边走边左顾右盼；（3）十个孩子排成一列边走边打打闹闹。

台上的孩子表演认真，台下的孩子笑得开心。

这时我问："孩子们，这样的队伍看着怎么样啊？"

孩子们纷纷答道："太乱了！"

我又追问："你觉得要怎么走才会整齐呢？"

2. 自己总结

经过短暂思考，大家各抒己见：

"走路也要像上课一样专注，眼睛要一直看前面同学的后脑勺。"

"如果队列中有小朋友说话要小声提醒他。"

"用拉杆书包的同学应该走最后。"

"行走时不能一会儿快一会儿慢，不然前面的同学停下来，后面的容易撞上去。"

……

看着教室里举起的密密麻麻的小手，我特别开心：看来大家都知道该怎么做。于是我将大家的建议总结成了一首儿歌板书在了黑板上：队列行进不讲话，小小眼睛看前方。拉起小手匀速走，我是文明科科娃。

3. 及时巩固

一年级的孩子特别喜欢读儿歌，大家很快就背了下来。我又让刚开始表演的孩子上台进行再次表演，这一次十个孩子站成两列，边背儿歌边行进，做到儿歌中所提要求，队伍一下子变得整齐笔直，台下的孩子都自发鼓起了掌。

4. 课后总结

案例二：情感交流——如果我是班长

【班会背景】

随着孩子们渐渐长大，他们心里的秘密也渐渐增多。有一段时间，我发现大家课间都不跟班长玩，私底下了解到班长喜欢打小报告，跟她玩儿没有安全感。我意识到这是一个比较严重的问题，辛苦培养的小干部一旦被孤立，也就没有了威信，以后的工作开展会很困难。于是我设计了这一周的德育课主题："如果我是班长"。

【班会主题】

如果我是班长

【班会目标】

1. 通过"换位"，让学生学会"共情"。

2. 懂得遇事多思考，学习智慧处理。

【班会过程】

1. 老师介绍班长的职责。

2. 学生自由发言，说说如果你是班长，平常的课堂上和课间你会怎么做？

3. 此时的你还觉得咱们的班长同学很过分吗？将自己对现任班长想说的一句话写在心形便利贴上。

4. 班长的自我反思和展望。

5. 老师小结。

孩子们通过前两个环节，已经明白了身为班长，职责在身，因此在写心里话时，更多的孩子表达了对班长的理解。看完40颗"爱心"的小班长两眼溢满泪水。这时我也拿出了早已写好的便利贴："孩子，一直以来你都做得很好。身为班长，在其他孩子玩耍时你要监督；在其他孩子说话时你要提醒；在其他孩子放松时你要勤奋。老师知道你的不易，或许有时候方法还需改进，但希望那颗心一直炽热。"班长看完，边哭边说："谢谢老师和同学们的信任，我以后遇到事情会先想一想，怎样处理最好，不会再像以前一样简单了。"

面对一个受伤的孩子，共情比干瘪的安慰和说教效果好得多。

（二）游戏体验，个人与集体的游戏

案例三：安全游戏才快乐

【班会背景】

课间的操场是孩子们的天堂。男孩子们有的叠罗汉、玩枪战，有的爬上篮球架，有的你踢我打笑哈哈；女孩子们"编花篮"、跳皮筋……虽说跑跑跳跳顺应了孩子们的天性，却也存在很多安全隐患。

我利用值周的时间，拿着手机拍下了很多孩子们玩耍时的照片，特意挑选出一些危险的游戏照片，将它们做成了PPT，并用这PPT做了"安全游戏才快乐"主题班会课的导入材料。

【班会主题】

安全游戏才快乐

【班会目标】

1. 明白哪些游戏很危险。

2. 学会一些安全游戏。

3. 参与设计游戏，增强参与感。

【班会过程】

1. 播放孩子们自己课间玩耍场景的PPT。

当孩子们看到自己的身影或身边同学的身影出现在多媒体上时，都非常兴奋，可当看清楚整个画面，大家纷纷表示，这样玩耍太危险。

2. 讨论：如何游戏才安全。

孩子们在小组内讨论怎样玩耍才安全，玩些什么才安全。

3. 学习并参与设计安全游戏。

大家课堂上提出了很多适合课间玩耍的小游戏，如翻花绳、你比我猜等；接着，学生还自己设计了一些安全的课间小游戏。

4. 老师小结。

除了以上三种形式，根据学生的年段特征，主题班会可以采用观察讨论、故事渲染、成果汇报、现场辩论等形式开展。

第三节　思想与情感并发展

一、利用体验式主题班会培养学生心理韧性

（一）选题背景

（1）当下很多小学因客观条件的限制，专职心理教师配备不够完善，多是其他科任老师兼职，心理课的开设也没有得到普遍推广，很多孩子暴露出了很多棘手的偏差行为和其他问题行为，当然也有很多潜伏隐性心理危机没有被老师或监护人识别。因此为孩子的成长埋下了很多潜在危机。心理韧性作为调节孩子情绪、社交、认知、自我效能等各方面发展的重要因子，对于孩子的成长是一个重要的内在保护机制。

（2）经调研得出当下笔者所在学校很多孩子的心理韧性水平不够高，表现出性格以自我为中心，情绪发展不够成熟，学习倦怠。即便是学业成就理想的很多孩子也有心理韧性建设的需要。

（3）目前学校中的班会多是以道德教育或教师的传授式教育为主，重教轻体验。

（二）研究意义

1. 学生层面

（1）减少我校学生学业倦怠，提升我校学生自我效能感水平。

（2）帮助学生建设一套内在心理保护机制。即在重大压力情境中快速复原的心理反弹能力。

（3）预防学生情绪、社交等其他方面问题行为的出现。国内外研究普遍认为，尽管危险因素会对个体发展产生消极影响，但是心理韧性可能在其中担当"调节器"，降低消极后果发生的可能性。

2. 学校层面

（1）丰富我校课题研究类型，增加心理建设类，开发具备特色的心理韧性培养课程。

（2）提升我校班会课课堂质量，形成一套以学生体验为中心主题班会课设计。

3. 教师层面

提升我校教师心理辅导技巧，开展团辅教学的能力。

（三）研究内容

以体验式主题班会的开展为研究变量，小学生心理韧性水平为结果变量，研究通过课程开设对学生心理韧性水平的提升。

（四）研究目标

1. 学校层面

以体验式主题班会为载体探索出一套提高学生心理韧性水平的干预课程。

2. 学生层面

培养孩子们具有积极、乐观、合作、独立、自信等积极心理韧性因子。促进孩子自尊水平的提高，学业自我效能感的培养等其他方面心理特质的培养。在遇到一些重大压力情境或危险情境时，可以利用课堂上或团体小组内学习到的应对方式，以及在这个过程中形成的内在保护机制，快速地从压力情境中复原的心理潜能。

3. 教师层面

我们希望通过课题的研究和学习，提高教师的自身教育心理学理论水平，习得一定的心理辅导技巧，以弥补学校专职心理教师配备不足的现状。同时在开展团辅的工作中，师生共同参与成长，教师体验着参与者的幸福，并将幸福传递给学生，师生之间的关系和连接是流动的。这种深刻特别的体验也会提高教师的职业幸福感，缓解职业倦怠。最后通过课题的研究学习，提高教师的科研能力，即将理论运用于实践，在实践中不断提炼出新的理论。培养教师的终身学习能力，促进自我实现。

（五）研究假设

假设一：学龄儿童的心理韧性水平较低，表现为认知加工方式有偏差。心理化能力不高，以自我为中心，缺乏共情他人的能力以及灵活的心理弹性。

假设二：通过开展团体辅导，可以有效提高学生在遇到挫折时的心理复原力及心理韧性水平。

（六）研究重点与难点

研究重点在于体验式主题班会主题的确定和具体干预课程的开发。如何设计与小学生年龄特征、认知发展水平相匹配的团辅干预方案。

（七）总体框架

我们希望面向所有学生开发设计出一套以体验型为特点的主题班会课方案，将一定的心理辅导技巧融入其中。根据心理韧性研究模型，及其相关影响因子，个人的认知加工方式、性格等通过设计与之相匹配的主题，比如关于自我接纳、同伴关系、面对压力，引导学生在体验中感悟和反思，在表达与分享中提升认知，最终达到自我成长、互助成长和共同成长的目标。

（八）核心观点

1. 高水平心理韧性的个体被认为拥有较为丰富的心理资源，例如，生活满意感、乐观主义和宁静心境，对压力逆境的敏感性、积极情绪和积极应对方式，在压力或挫折情境中能够及时调用心理资源、有效应对困难并走出逆境，从而表现出良好的适应结果。

2. 心理韧性同样与儿童的主观幸福感、孤独感存在联系，表现为心理韧性水平高的儿童会较多地感受到主观幸福感，并且较少地感觉到孤独感。

3. 体验式主题班会重体验、互动、自我觉察以及学生固有内部资源的挖掘，关注在实践中感悟习得目标知识。可以作为一个很好地培养学生心理韧性的载体。

4. 小学生的心理建设工作是校园安全最重要的变量之一，为学生的心理建设发展保驾护航，也是学校教育的重中之重。

（九）社会评价

我们的学生只有拥有良好的心理韧性水平，方能建立独立而完整的自尊体系和积极的人格品质。遇到挫折时，可以调动经过储备的一些心理建设资源，快速进行心理复原以及自我调整，修复。从而真正地实现教育的育人功能。综上所述，只有具备合作、移情、问题解决、自我效能、自我意识、自我觉察等心理韧性特质，才能满足青少年在成长的过程中对安全、爱、归属、自尊、掌控、挑战等的需要，才会有健康的学业和社会表现，因此心理韧性培养路径的研究对于小学生的成长发展至关重要。

二、注重思想与情感激发

价值观培养本身就属于情感激发，也属于思想认知的提升。对小学生来说，太多的道理说教，远不如直接激发情感，让他们在情感中深化认知。

如主题设计为"五十六个民族一家人"的班会，源于学生对中华大家庭的认识还不是十分明确，对我国五十六个民族的生活习俗、文化特点、外貌表征、宗教礼仪等都还不是很了解。另外，学生都生活在衣食无忧的幸福时代，即使是在班级这个小家庭里，同学之间还存在不团结友爱和相互帮助的现象，这样的情况下对民族大家庭的感知不会深刻。

在召开"五十六个民族一家人"班会之前，由于学生的年龄小，对我国各民族的知识了解少，所以，我的前期准备重点放在对民族知识的广泛涉猎和学习上，我给全班学生两个星期的时间去查阅资料，可以上网、去图书馆、走访少数民族的同学。会前，先开展一个题为"民族知识知多少"的汇报会，特别是围绕着此次班会所要涉及的民族服饰、饮食、歌舞等内容进行知识问答，从而为班会做好充分的准备。接下来选拔主持人、确定表演者进行排练，准备课件、服装等道具。

为此，我设计这节班会的目的之一就是让学生了解我国少数民族的风俗习惯，使学生产生强烈的心灵震撼和渴望继续学习民族知识的愿望，从而增强民族自豪感和责任意识，增强对祖国这个温暖大家庭的热爱。特别是班中还有 2 名同学来自少数民族，身上保留着很多少数民族的生活习俗，这对开展此次活动都提供了很好的素材。

素质教育的核心是把孩子们教育成为有理想、有文化，并且具有高尚情操、全面发展、健康成长的人。我选择这样一个主题的另外一个目的就是为了提高学生团结合作、乐于表达与交流等综合素养。由于我所教的班级是一年级，所以这样的一个主题的班会是他们第一次经历，对于整个班集体的建设和班级良好风气的形成都无异于是积极的。

通过此次班会，不但调动起所有学生的探究欲望，还使学生自觉自愿地把民族知识深入地学习下去，真正激发了学生心中的民族自豪感。

第四节　其余原则

一、针对性的原则

班会的设计在内容上没有一定的限制，但往往是在特定的情况下进行。如为了解决班级目前存在的某个问题而召开，或是就某个教育目的开展而进行。主题班会的设计追求有针对性，必须围绕着需要解决的问题或是需要开展的教育而设计，所涉及理论和事例都为了这个主题而出现，忌讳内容空洞，毫不切实际地进行高谈阔论，形式上整个课堂高大上，可是真正的教育没有落到实处，主题教育没有实效，最终是浪费了时间，耽误了班级的管理，损害了学生对班会的情感。

作为主题班会应该具有一定的教育意义，应该针对时代的特点以及学生的生理和心理特点来进行设计。比如，对于一年级的学生就不能设计一些热爱祖国、热爱人民的内容，而应该具体到一些具体的事例，比如：对于学生浪费现象，可以设计一个针对如何防止浪费的主题班会活动，针对学生不遵守班级纪律的情况，可以设计一个如何遵守规章制度的主题班会活动。

主题班会的主题应该来自学生，应该取材于学生的日常学习和生活事例，在确定主题前，应该让学生提出主题的内容，如果有可能让学生确定主题班会的具体实施过程，在主题班会课开始后，不应该是班主任一人的说教，应该是全体学生的参与活动，应该允许学生有不同的意见，允许学生对于某一个问题产生争论。只有在民主的气氛下，主题班会才能开得热烈和产生学生思想上的共鸣，收到好的效果。

在某次以"做时间的主人"为主题的班会大赛中，某班主任面对六年级毕业班的同学，就班会主题的"时间"场景设定在学生未来的20年时间里，虽然取材新颖，主题较为鲜明，可是设计者没有针对毕业班这个实际情况，进行有效的教育，即失去了针对性，这无疑使主题班会的教育效果大打折扣。

二、走心式的原则

教育是引领学生心理成长的学问，德育的目的是让学生在心理上产生共鸣，让学生从心里认可我们的观点和理论，感动于我们讲述的故事和实际，这才能使学生按照我们期待的方向发展。于是德育的这个目的，要求主题班会一定是走心形式的，也就是主题班会的设计上，一定要走进学生的内心，一定要让学生感受到"说到心坎儿"的效果。

主题班会并不是一种形式，并不是要让班会课热热闹闹，而应该有一定的目的性，是为了解决班级中存在的某一个问题或某一类问题而展开的，目前有不少班主任为了让主题班会搞得形式多样，采取了多种方式，但取得的效果却平平，其重要的原因在于，在开主题班会前目标不够明确，不能够取得好的效果。因而，班主任在开主题班会前必须做好计划工作，将本学期在班级内要解决的问题找出来，看看哪些适宜让学生开展活动，哪些适宜搞主题班会活动，针对要达到什么目的、取得什么样的效果等作一个设想。这样就可以防止盲目性。

对于学生来说，班会课意味着一种思想教育课，学生从心底里对班会课有一种逆反心理，他们最怕班主任对于班级学生的批评以及对于自己的批评。所以主题班会应该要了解学生对于班会课的理解，在主题班会课上最好少用批评的话语，让学生在参与活动中领悟和接受。广东第二师范学院的李季教授在《走心式主题班会》的讲座中，曾经指出"任何没有让学生心理产生颤动的班会教育都是没有效果的"，于是在中小学的主题班会设计上，要了解学生的品德成长之路，关注学生的心理诉求，注视学生的内心，使主题班会的开展，成为学生心理走向成熟的有效途径。

三、时效性的原则

一般的情况下，主题班会的教育周期没有固定，但太频繁的主题班会，往往准备不充分，缺少实质性的内容，效果不理想，而太长周期的主题班会，却又积压太多问题，会让管理疲于应对。主题班会讲究的是它的时效性，是在特定的情况下，掐准教育的契机，及时地开展。

比如在 3 月雷锋月期间，开展"学习雷锋"主题班会，在 5 月开展"感恩母亲"的主题教育，这都是利用好了教育的契机。但另一方面，班主任不应惧怕班级突发事件的发生，因为突发事件的发生往往是班级某些方面情况的反映，班主任正好透过本次事件，深入了解班级情况。也就是利用好这次教育的契机适时地开展一次针对性的主题教育，发现问题并解决问题。这就是要求主题班会的需要遵循时效性的原则。

四、创新性的原则

主题班会的开展，除了其德育本身的意义外，班会活动的本身就是一个学生成长的机会，是学生主体能动性得以展现的舞台，也是学生能力得以培养的有效途径。主题班会的设计在主题上除了有针对性和教育意义外，形式上还要符合学生的心理特点，对学生有很活跃的刺激效果。于是主题班会的设计必须有相当的创新性。在传统的班会上，往往是教师满堂灌，忽视了学生的主体作用，这种单向的思想传递，导致班会课成为了教师的训导课，更甚至成了教师的问罪环节，使得班会效果微乎其微。创新型的主题班会，充分地调动全部学生的积极性，根据主题班会的教育目的和自身特点，采用演讲、评论、辩论、朗诵、竞赛、游戏等形式，把主题班会的主动权还给学生，激发学生的发展潜能，促进学生健康成长。这种创新型的主题班会，既使得学生从主观上认可，又可以在活动的开展中实现教育的目的，更能让学生亲临其境，感受教育的目的。

五、延展性的原则

一个成功的主题班会的开展，必定有很好的课堂效果，也达到了班会设计的初步目的，但这不代表这个教育主题的圆满结束。教育是一个长期的过程，是一个不断地跟进、反馈，并进行阶段收获的过程。班会主题的内容展示，对于学生的综合发展来说，只是一个片段，是一个小小的反映窗口。于是一个主题班会的结束，往往是新的教育契机的开始，也是一个新的教育要求的开端。在失败的班会主题教育活动中，有 85% 是因为班主任决策不慎造成的。因此，为增强教育的针对性、实效性和时效性，在开展每次主题班会活动之前，学校和班主任必须就活动的指导思想、目标、时间、对象、内容等，进行周密考虑，妥善安排，并对最有可能出现的未来和最值得期望的未来进行预设，研究对策，形成完善的活动方案，并及时传达到班会活动的参与者。班主任不仅要增强每次班会活动的计划性，还要对一个学期、一个学年甚至更长时间的主题班会内容有一个合理、系统、科学的规划，以期促进学生持续、健康、快乐地发展。

有经验的班主任，在主题班会结束后，让学生对本次活动做出自己的感想，做好总结反思，对学生进行鼓励，让学生针对班会的目的，对自己进行评价、反思，并制定计划。班主任也会就教育主题，进行后期的跟踪，定期的总结，根据具体的教育效果，进行进一步的教育。这保证了主题班会的效果得以巩固，同时也在后期的延伸教育中，促进学生的成长。

六、主体性的原则

主体性原则就是主题班会的展开始终以学生为主要活动者。教育的本身就是双边的活动，即教师要发挥主导性，学生要发挥主体性。主题班会是要提高学生的自我认识和自我教育能力，所以发挥学生的主体作用尤为重要。一次成功的主题班会，主要是靠学生参与的态度和创造性的发挥，学生的主动性越强，班会的教育效果就越好。

学生是参与班会的主体，又是受教育的对象。在他们身上蕴含着丰富的学习和发展的潜能。主题班会的作用就在于根据学生的认知规律，引导学生通过积极思考、独立活动和认真体验，把班会的三维目标转化为学生的思想、情感、才能和智力。班主任要根据实际需要，通过启发学生的内在需求，创设宽松的环境，让学生把主题班会当作学习生活的一种愉快的学习体验。班主任应尊重学生的差异，鼓励学生对班会主题进行自我解读，展示自己的内心世界，探讨自己的内在感受和独特见解，最终达成共识，使班会富有教育意义和发展人的价值。作为活动主体，学生的主体性应是全面的，不但有认知的主体性，还有道德的主体性、实践的主体性等。

第五节　设计原则的实践

案例一："我们要做一个什么样的人？"主题班会

【班会目标】

爱祖国，爱人民，做一个喜爱学习、友爱诚信的小公民。

【班会过程】

1. 导入主题

师：这个世界上是不是每个人都一样呢？（生：不一样）都有哪些类型的人呢？（生答）有说话算话的人，有说话不算话的人；有爱国家的人，有背叛国家的人；有努力学习的人，也有不爱学习的人；有对别人友好的人，也有不团结的同学……那你们想做一个什么样的人呢？（指名）

2. 爱祖国

师：我们伟大的祖国地大物博，养育了 14 亿的人口，你们就是其中的一个，作为中国人一定要爱自己的祖国！

我们应该怎样爱自己的祖国呢？谁能说一说？我们目前应该怎么做？你问一问你的同桌。（指名汇报）

我们目前能做的是什么？心中有国家，我们的国家好在哪里？

（指名回答）

3. 敬业

师：我们现在是一名小学生，努力学习是我们的主要任务，在学习中应该怎么做呢？

生：认真上课，遵守纪律，做一个老师喜欢的好孩子。

4. 诚信

师：你们知道什么是诚信吗？

（生回答）是真诚，老实，讲信誉，言必行，行必果，说到做到。

你们平时应该怎样去做呢？

（生自由回答）

5. 友善

师：什么是友善呢？

比如遇到家里来客人了，狠狠地瞪他一眼；比如遇到陌生人打他一下；比如对同学老是打骂，对家人不关心、对老师不尊重……这些是友善的行为吗？

（生回答）不是。

对待别人要友好，友善团结同学，做一个人人喜爱的小学生！

【班会总结】

通过本次班会同学们知道了，也懂得了要做一个热爱祖国，团结同学，与人友善的小学生。做一个有礼貌、孝敬父母的好孩子！

案例二："我们的价值观"主题班会

【班会目标】

通过本次主题班会旨在让学生对自身的价值观有更深更正确的了解，从而初步树立正确的价值观，拥有优良的精神面貌与行为取向。

【班会准备】

1. 收集社会主义核心价值体系内涵外延和实践要求的材料。

2.《我们的价值观》的创作与准备。

3. 配乐诗朗诵与表演唱的排练。

4. 收集十大道德模范的先进事迹。

5. 相关视频的收集。

【班会流程】

1. 主持人理论剖析。

2.《我们的价值观》赏析。

3. 配乐诗朗诵《价值》。

4. 案例剖析。

5. 表演唱《我的中国心》。

6. 小组讨论：对正确价值观的理解。

7. 现场书法展示。

8. 班主任总结引导。

9. 主持人宣布主题班会结束。

【班会过程】

1. 主持人理论剖析。主持人深入介绍与剖析社会主义核心价值体系的内涵外延和实践要求。

2.《我们的价值观》赏析。

展示板报《我们的价值观》。

学生分组讨论感想。

主持人强调树立正确价值观的重要性。

3. 配乐诗朗诵《价值》。

翁嘉伟同学表演配乐诗朗诵《价值》。

学生初步感知价值观。

4. 案例剖析。

主持人介绍十大道德模范的先进事迹。

学生分组讨论：道德模范身上的价值观体现。

主持人总结归纳。

5. 表演唱《我的中国心》。

6. 小组讨论：对正确价值观的理解。

7. 学生分组讨论：对于价值观及正确价值观的理解。

8. 小组派代表发言。

9. 主持人总结。

10. 观看视频。

11. 班主任总结引导。

今天的主题班会很成功。让我们积极树立正确的价值观，并在其指引下，塑造自身优良的精神面貌与行为取向！下周，我们将举行"我们的价值观"海报设计比赛，希望大家在今天班会的启发下，踊跃参赛，充分展示大家心目中正确的价值观。

12. 主持人宣布主题班会结束。

活动特色：通过本次主题班会，学生更深刻更正确地领悟了价值观的重要作用，初步树立了正确的价值观，下决心在价值观的引导下调整好自身的精神面貌与行为取向。

案例三："爱的体验"主题班会

伴随时代与科技发展，现阶段小学生过度沉溺于电脑、手机等电子产品，对于身边的真实情感并未形成明确认知，对于父母感情、同学友情表现出不屑，甚至以怨报德现象也频频发生。因此，本文希望通过此次班会唤醒学生心中挚爱，并引导其吐露埋在心底的情感，促使学生懂得真情可贵，在日后生活与学习当中躬行实践。

【班会目标】

爱心是人魂，学生在小学阶段所形成的爱心对其终身发展而言是一笔宝贵财富，同时也是社会和谐发展的黏合剂与学生之间友谊的催化剂。爱从来都是双向的，学生若想获得来自他人的爱，首先需学会如何爱他人，学会如何对他人表达自己的爱，而这便要求学生能够换位思考，这便是移情能力。通过令学生将自身痛苦状态时与他人在相同情境下进行体验与对比，从而体会他人心情，最终学会如何理解他人，这对于学生步入社会后的责任感形成有着极为重要的现实意义。并且这一体验会伴随学生年龄成长逐步意识到生命价值与生活意义，促使学生体验到更为丰富、生动、持久的爱，令其懂得如何关心他人，帮助他人。另外，小学阶段学生与成人之间只有以真实的丰富情感相互交往，其才能够在与他人沟通时敞开内心，并且只有令学生感受到世间万物的美好，才能够以真实情感与他人进行交往。除此之外，对学生开展集体情感教育往往需要将活动与日常生活作为载体，比如通过教师与家长使用良好情感进行渲染。

【班会过程】

1. 开场

由学生担任主持人，在《让爱住我家》背景音乐当中出场，宣布开始。

A：首先，衷心感谢各位家长与老师能够在繁忙的工作中抽出时间参加活动。

B：执笔真诚，记录点滴。

A：拾温情，编织爱。

B：用爱，唤醒爱。

A：用爱，成就爱。

B：是的，爱无处不在，只是我们并未多加留意，它让人感到快乐与温暖，鼓励着人们走出困境。

A：让我们学会爱，让生活多一丝阳光，少一些迷茫，用爱驱散前方苦难。

B：有一处地方能够令人睡得香甜，那是来自父母的爱。

A：在学习与生活中迷茫时，来自同学与老师的关爱和照顾，是来自集体的爱。

B：爱在心中，依偎身旁。

合："爱的体验"亲子主题班会，现在开始。

2. 爱自己

A：一个人对待他人与外界事物态度，是对自身真实想法的反映。

B：换言之，在大部分时间对自己放纵，是对自身不负责任的一种行为。

A：学会控制自己，关注内心所需。

B：下面让我们共同欣赏情景剧《校园风波》。

A：节目很不错，你说剧中的同学还真的是很爱自己，任何事情都以自己为出发点。

B：我不赞同你的看法，这样并不是真正爱自己的表现，恰恰正是我们所说的对自己不负责任。

A：好了，我们也别争论了，听一听同学们的想法。

学生1：在看到这个情景剧后，我认为对人处事需要以他人角度为出发点，通过他人态度改正自身缺点。

学生2：爱自己并不是放纵与任性，做事也不能只凭一时之快，真正的爱自己是要做到严以律己、自尊、自信、自立、自强、自勉。

学生3：我认为我们应听取老师的意见，在日常学习中配合老师工作。

学生4：我认为需要保护周边环境，不为值日同学增加麻烦。

A：几位同学表达了自己的想法，我想节目演员一定也有着自己的想法。

B：谢谢××同学的坦率。

A：至此，在座同学对于爱已经形成自己的了解。

3. 爱父母

A：在学会如何正确爱自己后，才能够将爱转移到他人。

B：也只有这样，才能将爱予以陪伴我们成长的父母。

A：接下来让我们一起聆听父母爱的呼唤，一起用心去感受。

B：请欣赏三句半《天下父母亲》。

A：在这个节目中，如果将母爱视作潺潺溪流。

B：那么父爱便是滔滔江河。

A：母爱如春雨，滋润心房。

B：父爱如高山，高大坚定。

A：而为人子女的我们，又能做些什么。

B：下面请欣赏小品《黄香的故事》。

A：相信大家看完这个节目后必定深有感触，大家可以发表一下自己的看法。

学生1：这个节目让我明白不能过分沉溺网络，我们身为人子，理应帮助父母做些力所能及的事情。

学生2：通过这个节目，我明白在成长过程中虽然会无可避免地与父母发生矛盾，但是大部分都是父母在理解我们，我想，我们相互之间可以多一些理解，多听一听父母的意见。

学生3：我通过小品里黄香这个角色认识到，我们应该孝顺父母，将剧中儿子这一角色视作反面教材，作为学生，我们不能只知道吃喝玩乐，而是需要学会尊重与孝顺父母。

4. 爱集体

A：父母爱，无私献。

B：家庭之爱虽然让我们恋恋不舍，但是，伴随年龄的增长，我们还是来到了小学，而这里，同样也有着不同的温暖和爱。

A：下面请欣赏小品《香蕉皮的故事》。

A：对于小品角色与行为，同学们有什么看法。

学生1：这个小品让我明白若想使我们生活环境更加舒适，便不能随意乱丢垃圾，应当爱护身边环境。

学生2：我认为如果所有人都乱扔垃圾，那么我们将在垃圾堆里生活，因此，我们不应该随意乱丢垃圾。

学生3：我明白应该保护我们生活的环境，如果每个人都不注意保护环境，那地球生态便会遭到破坏。

5. 结语

综合上文所述，通过"爱的体验"亲子主题班会活动，能够令学生学会如何爱自己、爱父母、爱同学、爱老师，同时明白如何爱护身边一点一滴，不吝啬自己予以他人的微笑，珍惜他人付出，并予以相同回报，从而成为一个拥有高尚品德、热爱生活的阳光少年。最后，在一阵优美的音乐声中临近主题班会尾声，由两名报幕同学共同说出："感谢各位老师与家长能够与我们相约在爱的殿堂，度过这一段难忘的时光。"

案例四："知感恩，献孝心"主题班会

【班会背景】

实践背景：学生对父母的情感相对淡薄，不懂得感恩父母，认为父母的付出是理所当然，更有甚者以自我为中心、唯我独尊，对父母不太礼貌，经常对父母大呼小叫，无故发脾气，丝毫不顾及家长的感受。

部分学生不知道父母生日，甚至不少学生对父母发过脾气。如果一个孩子连亲情都不懂得珍视那么他是极为冷漠的，对师长、集体就更不会有情有义了。因此我设计了以"知感恩，献孝心"为主题的班会课，此次主题班会非常具有时效性。

【班会目标】

认知目标：让学生了解父母之爱，感受父母之情，体验亲情的无私与伟大，懂得孝敬父母是青少年的重要思想素质。

行为目标：让学生学会如何理解父母、尊重父母、体谅关心父母，促进学生与父母和谐相处，激励学生从现在做起，以实际行动报答父母。

情感目标：激发学生感恩意识，对父母怀有感恩之心，使学生懂得孝敬父母是中华传统美德。

【班会准备】

教师准备：课前调研，制作多媒体课件，搜集图片、视频等相关资料。

学生准备：主持人、小品、诗歌、祝福卡片。

【班会过程】

1. 导入

党的十八大以来，党中央高度重视中华优秀传统文化的传承发展，而感恩作为中华民族的传统美德更应该被传承。父母是赋予我们生命、默默付出、细心呵护不求回报的人，一声"父母"是最动听的声音，古有"羔羊跪乳、乌鸦反哺"，而我们又做了什么去感恩父母呢？

先观看视频《世界上最辛苦的工作》，班主任老师介绍本节班会课的两位学生主持人，由主持人致开场词，宣布"知感恩，献孝心"主题班会正式开始。

2. 实施过程

活动一："家务大循环"

两位主持人以问话的形式呼吁同学们意识到父母是赋予我们生命，抚养我们至今，对我们嘘寒问暖，关心备至的人。而为了体验父母的辛劳，引出"家务大循环"活动，每组派出一位体验官，其余四人充当考验员，进行"哄哄我""洗衣服""叠衣服""倒水"家务循环体验，限时2分钟。老师提示主持人各组活动时间和声音。活动结束，由主持人做总结并找同学谈谈体会。

设计意图：通过此环节的活动体验，让学生身体感受父母照顾自己时的辛劳，心灵体会父母付出的爱。

活动二："小品"

体验了父母的辛劳，感触了父母的不易，他们对我们的爱总是满得快要溢出，而我们平时又是怎么对待父母的呢？由主持人以问话形式引出反面小品《我家老大就是我》。老师提示主持人站姿和声音。三名学生演绎后主持人找同学谈谈体会。

设计意图：通过反面小品的展示，学生能有感而发，想到小品中的情景也在自己身上出现过，由对父母的愧疚，内心产生对父母的感恩之心。

活动三："亲情赞颂知多少"

通过上一个活动，同学们认识到自己应该做些什么了，主持人带领全班一起背诵《游子吟》，引出诗朗诵《父母》、歌曲《当你老了》以表达对父母的感激之情。

设计意图：让学生将对父母的感恩之心化作实际行动，通过诗的朗诵、歌曲的演唱感染学生，激发学生内心想对父母献孝心的动力。

活动四："孩子你不知道的事"

主持人请到场的一位家长发言，读读他送给他"特殊"孩子的一封信。老师提示主持人也让此名学生谈谈感想。

设计意图： 家长发言，说出孩子不知道的，父母默默付出的事情，感染学生，激发学生的感恩之心以及献孝心的内在动力。

最后主持人总结，引出班主任发言。班主任带领全班学生一起感谢两位主持人的精彩主持，对两位孩子给予肯定和鼓励，接下来做本次班会总结。

3. 班主任总结提升

亲爱的孩子们，我想通过刚才的活动，通过今天这堂课，你们肯定感受到了父母的爱。父母的爱不是亮晶晶的水晶，也不是甜津津的蜜糖，它只是我们在悲伤时候的一句简单安慰，抑或是我们在寒冷时的一个温暖拥抱，父母的爱像一片大海，而我们则是那小小的帆，永远也走不出那片大海。父母的爱，是一种对儿女天生的爱，自然的爱，沛然而莫之能御。"谁言寸草心，报得三春晖。"父母的爱我相信大家都深刻地感受到了，那么我们又该如何回馈呢，孟子云："老吾老，以及人之老；幼吾幼，以及人之幼。天下可运于掌。"将我们的感恩落实于行动，感恩于父母，再将这份感恩之心在我们身边蔓延，这也就构建了我们社会主义核心价值观中的"和谐"，和谐的家庭，和谐的班级，和谐的学校，和谐的社会，和谐的国家。

请同学们将你准备的行动卡拿出来，课下写上你想要为父母做的事并送给你的父母，用你们的行动去感恩父母吧！

【班会延伸】

组织学生写会后感。

开展"感恩父母记录册"活动。

【班会反思】

通过此次班会学生们从中受到的教育是终身的，部分学生班会之后对于父母更为关心，不足的地方第一就是学生有些紧张，肢体和语言还可以再大方些，第二是我的课件还可以再精美些，再以更多的形式吸引、激发学生的兴趣。

案例五："爱国，从小事做起"主题班会

【班会背景】

随着时代的变迁，现在的中学生在家庭的温暖呵护中成长，在国家日益繁荣的大环境中长大。提起"爱国"，他们能想到最多的就是书本中的革命先驱。说起"爱国"，好像离自己太遥远。

【班会目标】

让学生明白爱国的真谛，知道"爱国"不遥远，每个人都能从小事中做到爱国。

【班会方法】

小组合作、情景表演、激昂宣誓。

【班会准备】

视频一段、不同国家的国旗几面。

【班会过程】

1. 观看视频、了解爱国（一段介绍邓稼先的演讲视频）

看完视频回答问题：为什么邓稼先会放弃美国的高额待遇回到一穷二白的中国？

请问，你爱国吗？请说出能代表你心声的古诗文或故事。

生当作人杰，死亦为鬼雄。至今思项羽，不肯过江东。——李清照

王师北定中原日，家祭无忘告乃翁。——陆游

人生自古谁无死，留取丹心照汗青。——文天祥

僵卧孤村不自哀，尚思为国戍轮台。——陆游

夜阑卧听风吹雨，铁马冰河入梦来。——陆游

在说出诗词之后，讲述文天祥和抗日英雄杨靖宇的故事。

2. 情景表演、你说我说

请看黑板上展示的两组情景，小组同学合作，充分发挥想象力，把两个情景表演出来。表演得到认可的同学可以得到不同国家的国旗，代表相应国家的领导人一起合影留念！

情景一：

时间：半期考试后

地点：本班教室

人物：老师、小张、小李

事件：英语老师把考试试卷发下来，小李同学拿到了英语试卷，看到了红红的55分。同桌的班长小张看到了，焦急地问他："小李，你的英语怎么不及格呢？要不要我帮你补补呢？"小李无所谓地把试卷丢在一旁说道："英语不及格，表示我爱国。"

情景二：

时间：2013年5月26日

地点：埃及的千年卢克索神庙

人物：很多中国游客、一名南京的小学生丁某

事件：导游带着中国游客进入了埃及卢克索神庙，大家都兴奋地观赏着这些三千五百年前的精美的浮雕，都深深地陶醉了。小学生丁某也兴奋地张大了嘴……他想把这个美好的时刻记录下来，于是，他趁着大家不注意的时候，悄悄拿出自己的钥匙在一座矮小的浮雕前一笔一画地刻下了"丁某某到此一游"7个醒目的大字。

（请两个小组的同学表演后，让班上同学发表自己观看后的感悟或想法。）

3. 合影留念、引出图片

请刚才得到国旗的"国家领导人"走上讲台，找到地上相应的国旗位置，合影留念。

拍照完后，请"各国国家领导人"回到自己的座位。

4. 爱国，我能做什么？

爱国在不同的时代有不同的内容。20世纪初的青年爱国，是投身于反帝反封建的爱国浪潮中。三四十年代的青年爱国，是进行抗日救国的斗争。50年代的青年爱国，是参加抗美援朝、保家卫国。现代的青年学生，正处在和平年代，祖国又正在日益强盛，我们不再需要抛头颅洒热血，不需要再奔赴抗战前线奋勇杀敌，那么，新时代的我们应该怎样做些力所能及的事来表现我们的爱国热情呢？

（请同学们以小组为单位，讨论讨论，小组长做下记录。）

5. 宣誓爱国

既然我们都满怀一腔爱国热情，也写下了我们力所能及的"爱国之事"。我

提议，我们全体起立，满怀激情地喊出我们的爱国誓言。

我以一个黄皮肤、黑头发的中国人的身份宣誓：我是中国人，我爱我的祖国。我是中国人，我筑我的中国梦。我用我的生命承诺，我用我的荣誉宣誓：爱国，从身边做起！爱国，从小事做起。

案例六："正确处理矛盾，共建和谐班级"主题班会

【班会背景】

小学阶段，学生之间的矛盾几乎无时无刻不在上演，有争吵几句罢休的，也有大打出手还不止的；既有无心之失，也有故意为之的。对于心智发育中的小学生来说，怎样处理这些矛盾，于性格与品行的养成有着重要的影响。学会正确处理同学之间的矛盾，有利于培养学生良好的品质和正确的人际观，同时也能促进和谐班级的建设。

【班会准备】

我为本次班会做了两个前期准备工作。首先是班会前一周，我收集了班上同学们之间的矛盾，让大家把自己和其他同学发生的矛盾或者不愉快的事写在纸条上（最多写3条）交上来。然后我从中选取了几个比较常见的矛盾类型，在网上查找了类似的视频和图片素材，同时利用课间和巡堂的时间拍下了一些学生之间的矛盾瞬间，作为此次班会的主要素材。

【班会过程】

环节一：游戏引入——校园碰碰车

师：同学们，咱们先来玩一个小游戏，两人一组，一人在前，后面的人把两只手搭在前面的人的肩膀上，组成一辆"碰碰车"，听从老师的速度要求，时快时慢地在教室里"开车"，一旦听见"停"，立刻前往最近的车位上，抢占车位。（限于教室场地，游戏分3轮进行，每轮每组选了2名同学参与游戏。）

由于车位比参与游戏的组数少，每一轮游戏都有小组没有抢到车位，还有小组在抢车位的过程中与别的小组发生了碰撞。

师：刚才我们一共玩了3轮的游戏，老师发现了一个问题，每轮游戏中都至少有两个小组的同学撞到一起了。你们能告诉老师为什么会这样吗？

生1：因为车位比较少，我们都想抢到那个车位取得胜利。

师：那你们会互相责怪对方吗？

生2：不会，因为大家都不是故意的。

师：同学们，刚才游戏中好几个小组的同学都发生了碰撞，但他们都不是故意的。其实我们的班级就像是一个"游乐场"，我们每个人就像一辆"碰碰车"，总是会发生这样那样的碰撞，会产生这样那样的小矛盾。

师：上周老师收集了大家与同学之间发生的矛盾，就有很多都是这种无意间的小矛盾，而这些小矛盾有的影响了同学们之间的友谊，有的还影响了大家的学习。今天这节班会课，我们就来聊一聊怎样处理这些小矛盾。

环节二：案例分析

1. 如何处理无意产生的矛盾

教师播放视频1：课间休息时，淘淘的笔掉在地上了，被路过的鹏鹏不小心踩断了，淘淘很生气，说："这是我爷爷送给我的笔，是我最喜欢的笔。"鹏鹏说："我又不是故意踩到的！谁让你的笔掉在这里了呢！"随后两人打了起来。

师：同学们，视频中的两个小朋友发生了什么？他们是怎么做的？结果是什么？

学生根据视频内容进行了回答。

师：笔坏了，你们觉得谁做错了？为什么？

生1：我觉得鹏鹏做错了，因为他踩坏了淘淘的笔。

生2：我觉得淘淘也做错了，因为他没有及时把笔捡起来才让鹏鹏踩坏的。

师：你们说的好像都有道理。我想淘淘和鹏鹏也是这样想的，所以他们最后就打起来了。这样做对吗？

生：不对。

师：假想一下，如果你们是淘淘或鹏鹏，你们会怎么做呢？

生3：如果我是淘淘，我会把爷爷送给我的笔放好，不让它掉地上。

生4：如果我是鹏鹏，我会走路的时候小心一点，多看地上。

师：你们会尽量不让这件事情发生，但是很多时候事情是不受人控制的，总会发生一些大家都不想的事情，我们应该怎么处理呢？下面请大家观看下一段视频。

播放视频2：鹏鹏赔给淘淘一支新的笔，并真诚地向淘淘道歉了，淘淘原谅了鹏鹏，他们继续做好朋友。

师：这次他们又是怎么做的？结果是什么？

学生根据视频内容进行了回答。

师：鹏鹏为什么要赔给淘淘一支新笔，并向淘淘道歉呢？

学生围绕着鹏鹏踩坏了笔这一点进行回答。

师：虽然鹏鹏不是故意踩坏笔的，但无心之失也是失，他应该承担相应的责任，所以鹏鹏要赔给淘淘一支新的笔，并向淘淘道歉。淘淘也不应该继续为这件事情生气，接受鹏鹏的道歉，并原谅他。

师：通过这两段视频，你学到了什么？

同学们各抒己见，基本围绕着"做错事了就要道歉"和"如果别人道歉了，要像淘淘一样原谅他"展开。

师：从上面的两段视频中，我们发现，同样的小矛盾，不同的处理方式，就会有不同的结果。如果用不正确的方式处理，就会出现不好的结果，如果用正确的方式处理，就会有好的结果。所以我们要学会正确的处理方式。

2. 如何处理故意制造的矛盾

教师展示几组图片素材。图片1：课间休息时，走在楼梯上的A同学试图将前面的B同学往下推；图片2：课堂上C同学正在前座的D同学的校服后背上写写画画；图片3：路队放学时，E同学和F同学故意牵手甩打前后的同学。（实际拍摄的图片进行了打码处理）

师：同学们，我们刚才通过淘淘和鹏鹏的视频，讨论了怎样正确处理同学之间的矛盾。那我们一起来看看这些情景，和刚才视频中的情况一样吗？

生：不一样。这些都是有同学故意欺负别的同学。

师：也就是故意制造矛盾。如果你是被欺负的同学，你会怎么做？

生1：打回去。

生2：告诉老师。

生3：告诉对方这样做不对。

师：像这样故意制造的矛盾，我们不能容忍，要坚决制止。被别人欺负你们是什么感受？

有的学生说生气，有的说委屈，有的说很烦，等等。

师：那你们会像这样故意制造矛盾吗？

学生集体回答不会。

师：但是有些同学之前肯定有过上面图片中的行为，或者其他类似的，故意制造矛盾，你们写的纸条老师都认真看过了。那我们怎样保证自己以后不会再出现这些行为呢？

生1：管住自己，和同学礼貌相处。

生2：如果做了，老师就狠狠地批评惩罚。

生3：可以制定一条规定：每个同学都不能故意制造矛盾，不然的话老师就打他。

教师出示《小学生日常行为规范》第4、5条。

师：《小学生日常行为规范》里明确规定了一名小学生应该做的和不应该做的。老师相信大家都愿意做一名合格的小学生，今天我们就来一起制定一条"班级公约"，时刻提醒大家规范自己的言行。

学生你一言我一语，补充完善"班级公约"的内容，教师将"班级公约"板书在黑板右侧，并带领学生齐读"班级公约"。

（班级公约：同学之间友好相处，礼貌待人，不随意翻动别人的物品，不骂人，不打人，不欺负弱小，不嘲笑、戏弄他人。）

环节三：班会总结

师：今天这节班会课，我们玩了游戏，分析了视频和图片，你收获了什么？

生1：同学之间要友好相处，礼貌待人。

生2：不主动制造矛盾。

生3：自己做错了事情要道歉。

生4：别人道歉后，要原谅。

师：同学们都说得很好。今天我们主要讨论了大家日常学习生活中会产生的一些矛盾，有的是无心之失，有的是故意为之。我们同学们要谨遵班级公约，规范自己的言行，不制造矛盾，对于无意间产生的矛盾，要及时道歉和原谅。

班会课后，我给学生布置了两个小作业。

作业1：对照自己先前写在纸条上的事情，如果是自己做得不对的，不管是有意还是无意的，都要找到对方，向对方真诚地道歉。

作业2：根据自己与同学之间发生的矛盾，选择一例，写一篇矛盾反思日记。

【班会反思】

小学生正处于好动的年龄段，而心智发育又不成熟，在和同学的相处中，产生矛盾是不可避免的。一方面我们要教育学生规范自己的言行，不故意制造矛盾，养成良好的行为习惯；另一方面，也要积极引导学生如何正确处理学习生活中一些无意发生的小矛盾。这节班会课，我从学生的实际生活入手，收集他们日常发生的矛盾，再通过视频和图片的方式进行呈现，引导大家思考，怎么处理这些矛盾，既让学生学会了正确处理矛盾的方式，也形成了有效的"班级公约"，比常规说教的效果好得多。

案例七："爱惜粮食，从我做起"主题班会

【班会背景】

谁知盘中餐，粒粒皆辛苦，告诉我们要节约食物，爱惜粮食，可现在的孩子生活条件优越，不懂得珍惜。在家中，家人勤俭节约意识淡薄，一味地迁就养成了孩子浪费的坏毛病；在学校，吃午餐时，总有些同学因为挑食，或因为想出去多玩会儿，匆匆吃了几口便将饭菜倒掉，面对"节约小卫士"的提醒，他们找借口说学校饭菜不好吃，没时间吃，没胃口。针对这样的现状，结合当下提倡的"光盘行动"，我班进行了以"厉行节约，反对浪费"为主题班会课。本节"爱惜粮食，从我做起"课，只是一个开端，后期我班将继续开展节水、节电、节约纸张、爱惜物品等系列节约资源主题活动，帮助学生树立节约意识，养成节约资源的习惯，继承和发扬勤俭节约的优良传统。

【班会目标】

1.通过主题班会，让学生体会粮食来之不易，树立爱惜粮食的意识。

2.培养学生爱惜粮食、勤俭节约的好习惯。

3.懂得节约要从现在做起，从自身做起，从生活的点滴小事做起。

【班会对象】

六年级一班学生

【班会准备】

1.教师准备：PPT课件，拍摄视频。

2.学生准备：课前调查，制作节粮小报，彩笔、制作书签的卡片纸。

【班会过程】
（一）回顾"光盘行动"，引入主题
（播放视频）回顾从中央到地方、学校都在倡导厉行节约反对浪费的行为以及学校和班级开展的"光盘行动"。让学生谈活动感受。

师小结：在生活富裕的今天提出勤俭节约，爱惜粮食，是告诉我们要懂得珍惜今天幸福的生活，继承和发扬中华民族的传统美德。

（二）诵读经典，传承中华美德
出示名言警句，全体学生齐读，并谈体会。

师小结："艰难困苦，玉汝于成""居安思危，戒奢以俭"，古往今来，中华民族就以勤俭节约为美德。

（三）开展调查，感知浪费现象严重
1. 学生反馈课前调查生活中的浪费现象。
2. 师出示调查问卷，现场举手开展调查。
3. 师生一起统计、分析调查数据。从统计的数据中我们发现：经常吃完饭的同学人数不到一半，吃不完直接倒掉的同学接近一半。看到这些数据，你们有什么感受？

学生1：我觉得我班浪费的现象还是挺严重的。这周我每天都收集了大家倒掉的垃圾，并进行了称重。我的记录是：周一到周五的总量大约30公斤，米饭的浪费大约占总量的1/4，菜的浪费量大约占1/6。这还仅仅是一个班，大家想想，全校18个班，浪费是多少，全中国所有的中小学、高校，又会浪费多少呢？

学生2："谁知盘中餐，粒粒皆辛苦"，浪费粮食的行为不好。

师：同学们，校园的浪费只是社会的一部分，你们知道吗？我国每年在餐桌上浪费粮食的价值高达2000亿元，被倒掉的粮食相当于2亿多人的一年口粮。数字触目惊心啊！浪费现象必须制止。

（四）观看视频，体会粮食来之不易
1. 观看短视频《午餐的诞生》，播放学校食堂师傅从买菜、洗菜、做菜，到配送、回收的整个过程，此情此景，你有什么要说的？
2. 学生谈感受。
3. 师小结：同学们，我们已经在学校生活快六年了，可大家从未了解美味中餐背后的故事，这背后凝聚着师傅们辛勤的汗水。

4. 观看视频《一粒米的前世今生》。

（1）想一想：从一粒米到一碗饭是如何完成的，这中间又经历了哪些变化？

（2）说一说：粮食的生产过程。

师：一斤粮，千滴汗。粮食的生产凝聚了无数人辛勤的付出。据悉因为新冠肺炎疫情导致全球粮食减产，全世界现有超8亿人口处于饥饿状态，世界将面临严重的粮食危机。

（3）算一算：出示题目，500克大米能烧5—6碗米饭，每10粒米大约重1克，每100克米大约烧1碗饭。也就是说大约1000个同学，每天每人节约1粒米，就能烧1碗米饭。我国14亿人口，每人每天节约1粒米，可以做（140万）碗米饭！按一天3顿，每顿1碗米饭计算，大约可以够（46万）人吃！我们学校800人，可以吃（575）天左右，约（1.6）年！

师：一粒米，虽然微不足道，但如果每个人都节约一粒米，将是一笔非常大的资源。珍惜粮食从现在做起，从自身做起，从生活的点滴小事做起。

辨一辨：（出示四幅情景图，第一幅"人走饭留"，第二和第四幅"光盘行动"，第三幅网上"大胃王"热播），请你们当当"小法官"，判断他们的行为对吗？

（五）讨论交流，明确行动

1. 播放视频"节约小卫士"的温馨提示，连线家长，谈疫情期间的节粮小妙招。

2. 师：请说说爱惜粮食，你有什么好的方法？

师：爱惜粮食从自身做起，从身边的小事做起。以小组为单位，交流讨论，归纳小结，形成答案。（汇报结果，小组代表汇报。）

3. 各小组交流分享。

第一小分队：我们准备成立一个爱粮故事宣讲团，方法是搜集中外名人节约的故事，讲自己在疫情期间和家人一起节约粮食的方法，每人准备一个故事，借助学校红领巾广播站、微校平台、晨会和班会，把我们的故事讲给更多的人听，让他们在故事中受到启发，得到教育。

第二小分队：我们组准备设计节粮小标语，在征得社区和校长的同意后，把它们张贴在社区和学校抬头即见的地方，提醒大家要爱惜粮食。

第三小分队：我们小分队都认为低年级小朋友的浪费现象更严重，我们准备成立一个"护粮小卫士"，教一、二年级的学生朗诵《悯农》，爱惜粮食的诗歌，带他们学习学校墙上的宣传标语，如果看到他们爱惜粮食就表扬他们，为他们点赞，把他们请到我们班，参观我们的教室。教三、四年级的同学办小报，和他们互换小报，张贴在各自的教室。

第四小分队：我们组准备给大家吟唱《悯农》，提醒大家粮食来之不易，要珍惜它。

第五小分队：我们准备办一份小报，让大家了解有关粮食的知识，如粮食的分类，粮食的加工，中国粮食生产的情况，世界面临的粮食危机等。

第六小分队：我们小组准备制作爱惜粮食书签，把它赠送给爸爸妈妈、好朋友、低年级的小朋友，用自己的行动去提醒身边的人爱惜粮食。

第五小分队汇报交流他们组办的节粮小报，第六小分队分享他们制作的爱惜粮食书签，并将它送给身边的老师和同学。

（六）谈感受，升华情感

师：同学们，今天我们调查了生活中的浪费现象，通过观看视频，体会了粮食来之不易，在讨论中懂得了爱惜粮食该如何做？请大家结合本期主题和生活实际，谈谈自己对勤俭节约的深刻感悟。（生谈体会）

班长宣读《节粮倡议书》，全体师生一起宣誓。

教师总结：我们要学会节约，从小事做起，一粒米、一张纸、一滴水开始节约，真正成为一个节约的人。

第三章

社会主义核心价值观主题班会的实施策略

社会主义核心价值观主题班会的具体实施过程中，考虑到育人要求，因此应尽量以学生为主体，让他们在其中成长，同时引导学校、教师和家长一起为班会组织设计努力，并通过实践方式来提升具体教育效果。

第一节　学生主体性

一、放手给学生——让学生自主开班会，效果会更好

（一）意义

首先，通过学生自主开班会，能够提高班干部的管理能力，推进学生自我教育、自我管理，有利于班主任更好地管理班级，也有利于班干部自身素质的提高。其次，通过学生自主开班会，能够发现和培养学生的优点，增强学生的自信力，为班级注入新的活力。最后，通过学生自主开班会，能够培养学生的集体荣誉感，增强班级凝聚力。

（二）原则

主导性原则；主体性原则；自主性与合作性教育原则；评价激励原则；可持续发展与和谐发展的原则。

二、老师的作用

当然，放手给学生并不是老师就可以大撒把，在这一过程中班主任应起到舵手的作用，要把握方向。

在开展主题班会的活动中，班主任可以不直接参与，而只是提出综合性、合理化的建议，从而很好地挖掘、培养班干部的潜在管理能力，包括策划能力、组织能力、思辨能力、人际协调能力、语言表达能力等等，通过主题班会活动，使班干部的人生观、价值观更上一个台阶。主题班会并不是班主任和班干部的主题班会，而是全体学生共同参与、共同实施的班级活动，它能够调动所有学生的积极性、主动性，它可以使每一个学生都有事做，达到学生自主管理班级的目的。

教学生如何选择适当的主题

要开好班会，选好主题很重要，它是一节班会的核心，主题要突出、鲜明，富有时代感，有针对性，能对学生有教育意义或对其思想有所触动；而且要便于收集资料，在同学之间能引起共鸣。

（1）结合班级实际情况，解决共同的问题。

（2）结合学生的学习生活、思想动态，选择一些共性问题，如"玩电脑游戏的利弊""你最喜欢的动漫"等，引导学生围绕一个中心进行多方面的讨论、辩论，发表自己的见解，从而帮助他们建立正常的思维、行为方式。

（3）提醒学生在大型考试前一定要做好动员工作，而且要学会互相学习、互相竞争。无论如何，学习总是第一位的。

三、学生自主班会的权利

1. 确保主题命名的自主性

主题班会名称由学生自主确定，教师只提供建议。

2. 体现形式的自主性

主题班会命名确定后，班主任就活动形式要向班委会提出合理化的建议。在这一过程中班主任只能起到参谋的作用，不要过多参与，要真正让学生自行设计、策划。

3. 实现活动过程的自主性

主题班会的内容丰富多彩，形式多种多样，每一位学生都能找到适合自己的角色。如：有组织能力和随机应变能力的可选择主持，幽默、表现力强的可参与小品表演，普通话标准的可参与诗文朗诵，动手能力强的可参与道具设计与制作，喜爱唱歌的可参与独唱、合唱或歌舞表演等。这样既锻炼了学生自身的能力，又能够发现和培养学生的"闪光点"，增强学生的自信力，为班级注入新的活力。

凸现学生的自主性，是开活主题班会、提高教育成效的很好途径。学生们通过多种形式进行自主教育，班主任教师"随风潜入夜"地点拨，润物无声，胜过万语的说教。

四、学生组织班会的实施对策

（一）形式上精心营造和谐民主的主题班会

（1）摒弃"包办式"主题班会，倡导"主体性"主题班会。针对"包办式"主题班会，提出了"主体性"主题班会。学生是一个有生命的个体，是一个有思维的个体，教师应摆正自己的位置，不要事事包办，要相信学生的能力和水平。只有充分尊重学生的主体地位，让学生参与班会的设计、开展和实施，他们才会有成就感，也会联系自身实际情况来开展活动，有时会比老师的设计更贴合实际，这样的设计更接近学生的最近发展区，也更加接地气，才能真正达到育人的目的。

（2）舍弃"精英式"主题班会，推崇"全员性"主题班会。"精英式"的主题班会终将被历史的舞台淘汰，因为我们的教育是面向所有的学生。教师应关注每一个学生的成长，积极引导学生全员参与，为每一位学生提供公平交流、讨论、展示、分享的机会。作为一个活动的引导者和参与者，老师不但要关注全局，尤其要引导那些"边缘者"或"旁观者"自觉融入集体活动中，让他们不再成为班会课上的"局外人"，要努力让他们也成为一个积极分子，敢于发表自己的看法和观点，敢于参与到活动中来，真正实现"全员性"主题班会。

（3）抛弃"预设式"主题班会，崇尚"生成性"主题班会。传统的"预设式"主题班会我们要破除，要抛弃，"生成性"的主题班会我们要崇尚，因为我们要追求课堂的真实性。对于"预设式"主题班会，我们拒绝"假、大、空"，提倡"真、善、美"。教师要找准生成的"点"，要及时归纳、整合学生的发言，做到巧引导、巧点拨，将学生的交流、讨论和思考不断引向深入。

（二）内容上实施体系

潜心挖掘丰富多彩的主题活动。寻找主题是主题班会设计与实施的第一步。针对开篇提出的目前主题班会存在的问题，我们要努力探索，潜心挖掘出各种各样的内容，确定主题，然后开展主题班会，达到预期的教育目的。

巧借时令时事开展相关主题活动。中华民族是一个拥有悠久历史的民族，有灿烂的文化，有优秀的传统，我们可以以传统节日和重大时事作为主题班会活动的契机，结合生活实际开展丰富多彩的活动，更有效地教育学生爱祖国、爱人民、尊敬师长、团结友爱、心怀感恩……

依托特色活动月开展相关主题活动。与学校特色活动相结合，开展相关的主题活动。如在艺术节活动上，可以开展"艺术伴我行""幸福在哪里""成长的星空"等主题班会，培养学生热爱艺术、享受艺术的乐趣。又如在读书节活动中，可以开展"读书最快乐""最爱书香美"等主题班会，借助班会让孩子们培养阅读的兴趣，享受阅读的乐趣，从而爱上阅读，与书相伴。

关注学生成长开展相关主题活动。学生身心的健康成长是学校教育工作的重中之重，因此，还需要定时开展相关的心理教育和安全教育。例如针对学生的成长过程中碰到的事情开设一节"向梦想出发"的主题班会。当时的背景是这样的：在当今的孩子眼中，梦想是什么？怎么才能实现梦想呢？孩子们都很茫然，于是我就绞尽脑汁去思考如何让孩子们明白这些问题，让他们在人生的成长道路上能为实现梦想而努力。主题班会活动以《大脚丫跳芭蕾》这个绘本为载体，辅助一些和梦想有关的主题活动，分"触摸梦想""追逐梦想""放飞梦想"三个篇章展开活动，引导孩子们有梦想就要有行动，有梦想就要坚持，才能成就精彩。活动结束后，学生仿佛一下子成熟了很多，懂得了很多的道理。本次主题班会活动的目的达到了。

五、组织管理技巧

第一，准备要"足"。我以前也有过准备不够充分随堂发挥的事情，有时候会出现自己在台上说得兴起，而学生却不感兴趣，以至于有时候不得不强制学生不许做其他事情，这样的班会课当然也不会有什么教育效果了。"没有准备就是在准备失败！"一堂主题班会课要想开得成功，没有充分的准备是不可能的。在开"父母那期待的眼神"主题班会的时候，我一个星期前就开始准备，同时动员一些学生开始准备材料，之前两天，课件已经基本完成，然后又征求了一下班委几位同学的意见，前一天晚上，我又对课件做了最后的修改。整个过程，几乎赶得上开一次公开课的工夫了。结果由于准备充分，当然发挥自如，整个班会课，学生积极性很高，没有一个人干其他事情，甚至下课还有同学要把课件拷回去看。

第二，观点要"正"。班会课是为了教育学生，必须"给学生扣好人生的第一粒扣子"，当然得给学生灌输正确的思想。班主任在学生心目中的地位非同一般，班主任的话往往对学生的成长影响巨大，一个错误的观点就可能直接导致学生的错误行为，进而影响其成长。之前我发现有学生说网上调侃英烈的事情，我专门开了一个"向英雄致敬"的主题班会，用事实告诉学生革命先辈不为名不为利，放弃好的生活冒着巨大风险革命，是真心实意为了救中国，同时也介绍了我们的《英雄烈士保护法》。之后班里学生调侃烈士的事情消失了，还有不少学生利用课间来和我谈自己所了解的革命烈士的事情，探讨网络上关于英烈的观点。

第三，主旨要"明"。有一些班主任，即使做了一定的准备，班会课也很容易信马由缰，想到什么说什么，结果每一点都浅尝辄止，这样的主题班会课学生很容易走神。班会课"注意力要集中"，40分钟的班会课，必须集中力量解决最重要的问题。在开"第二张名片"主题班会的时候，我就只有一个目标：让学生明白做人就得讲公德。我的一切材料、图片以及设问、讨论都是围绕这一点展开。当一幅不讲公德的材料或图片出现时，他们会发出"哎"的一声叹息，当一则讲公德材料出现时，他们会轻轻感叹，甚至一起鼓掌。之后的讨论大家也很积极，并形成共识：每个人都得讲公德，作为小学生，讲公德表现在不乱扔垃圾、不浪费水、买饭排队等日常小事中。

第四，内容要"新"。班会课的内容要有新意，不能总是用孔融让梨或者雷锋叔叔的故事，虽然道理绝对不过时，但是材料太没有新意了，不能打动人。班会课的材料要有新意，例子要有时代性，这样才能更好地引起他们对自身行为的反思。有一段时间我发现班里很多同学中午就在教室吃泡面，我说过几次这件事，要求学生中午去食堂吃饭，但很多人依然觉得食堂排队太麻烦，吃泡面挺好的。于是我专门搜集资料，开了一个专门针对这件事的"泡面来了"的班会。为了更有说服力，我收集了很多当下的泡面广告，这么一放映学生积极性很高，接着我又用最新的科学研究向他们展示了泡面带来的一系列问题。这次班会最终也取得了不错的效果。

第五，形式要"活"。主题班会课不仅得有好的内容，还得有好的形式，这样才能充分发挥效果。一开始我开主题班会，几乎都是论点—论据—证明—结论的"四部曲"。后来我了解了网上和杂志上的文章，终于明白"班会的形式是丰富多彩，不能搞一种死板的模式。只有多样化，才能适应青少年学生的特点，为他们所喜闻乐见，满足他们求知、增长才干、抒发思想感情、关心时事政治和走向社会等多方面的需要，从而调动其积极性，使他们受到教育和锻炼"。于是，后来我搞了很多形式多样的班会课。"第二张名片"是讨论式的，"父母期待的眼神"是汇报式的，"快乐367"是游戏式的，"泡面来了"是展示式的，"感恩教师节"是晚会式的，等等。

第六，学生参与度要"高"。刚当班主任的那几年，班会基本都是"自己是总设计、总代理，串词自己写，节目自己编，课件自己做，活动自己主持，学生是任自己摆布的木偶"。这样的班会，由于学生几乎没有参与主题的选择和活动的设计，很多材料的选择、活动的设置都不符合当代小学生的心理，所以学生参与度非常低，经常会冷场，甚至到最后自己都有点怕开主题班会了，这样的班会效果当然不会好。这几年，我开始试着放手，让学生更多地参与进来，即使是自己定的主题，也经常请学生出主意，可以说是"集体创作"。由于学生自己最了解自己的需要，所以主题班会的内容更容易被学生接受，再加上他们很多人参与了主题班会的设计和创作工作，班会属于自己的劳动成果展示，所以大家参与的积极性都很高，班会课经常出现时间到了大家还意犹未尽，有的同学还强烈要求给他一个发言机会再下课。这样的班会课之后往往效果很好，想要解决的问题往往得到比较好的解决。

六、主题班会课在引领学生自主管理中的作用发挥路径

（一）联系生活实际，明确班会主题

在开展主题班会的过程中，作为班主任需要从学生的实际认知基础出发，合理设置班会的主题，并对具体的实施目标进行合理规划。首先，需要有效联系生活实际，全面关注和分析小学生在日常生活和校园环境中的综合表现，包括在日常活动以及课堂学习中的表现，明确素质发展的具体目标，全面分析目前小学生在素质建设方面所存在的实际问题。比如，在当下的小学校园中，攀比之风盛行，很多学生具有明显的攀比心理，对于自己的穿着打扮比较在意，经常要求父母买名牌，高消费现象比较显著。针对这一问题作为班主任需要合理设置班会主题，组织学生从理性消费这一主题出发，探索如何树立正确的消费观，并针对自身的消费理念和行为进行有效规范。让学生在参与完班会活动之后，能够树立良好的消费思想，进一步强化学生的理财观念。

（二）发掘并整理班会文化资源

在开展主题班会课的过程中，教师需要认识到文化资源有效发掘与深入整

合的必要性。为了启蒙学生形成良好的自主意识,在丰富文化底蕴的支撑下让其对自我管理与控制形成正确的思想认知,教师需要针对文化加强资源整合力度。在全面开展主题班会课活动的过程中,则可以有针对性地搜集丰富的传统文化素材,将《论语》《弟子规》中的优秀文化进行有效发掘和提炼,并将其整合到主题班会当中,引导学生在课程学习中,就传统文化中所蕴含的德育内涵进行有效分析,并结合自身的日常行为表现进行合理规范。例如,可以借助《弟子规》引导学生就自身的日常行为进行有效规范和约束,或者引导学生就《论语》中的"己所不欲勿施于人"进行深入探讨,让学生能够在今后的成长过程中,懂得体谅别人。

(三)多元化创新主题班会形式

在全面开展教学活动的过程中,教师需要在主题班会的组织形式上进行优化与创新。通过多种活动举措培养学生形成良好的思维意识,并在活动参与的过程中进一步增强学生在情感上的认知和体验。比如,可以围绕"坚定理想信念,做社会主义接班人"开展知识讲座,将国家所提出的战略法规以及对青少年素质建设所提出的寄望进行渗透,同时也可以通过开展多媒体视频宣讲的方式,播放中国的发展与变化,让学生在观看的过程中形成良好的爱国意识,树立良好的民族精神,并在今后的成长过程中以报效祖国为目标积极地参与到学习活动当中。不仅如此,教师也可以设置不同类型的主题活动,比如组织学生通过演讲、辩论等多种方式进行主题深入探索,或者参与植树等实践活动,实现学生正确思想观有效培育。

(四)深入主题,实现情感升华

在开展主题班会活动的过程中,作为班主任需要强调主题有效深入,从而让学生在参与活动的过程中能够在情感层面获得有效升华。比如,作为班主任在开展主题班会的过程中,则可以将班会主题与社会实际相结合,渗透时事政治,引导学生进行深入探讨。例如,在疫情期间为培养学生形成良好的自我健康防护意识,则可以将疫情时事与健康防护相结合,让学生全面地了解新冠病毒,并积极配合国家的防控方针,做好自我健康防护。

七、以学生为中心文明进行礼仪养成教育主题班会设计

当下小学教育中开展文明礼仪教育的方式是多种多样的,在这些方式中通

过开展以学生为中心的文明礼仪主题班会是十分重要的，会直接帮助孩子们养成文明礼貌的习惯。在小学教师尤其是小学班主任开展主题班会时，一定要选择恰当的班会内容，如若小学教师选择的内容不符合孩子们的现实情况，或者让孩子们无法理解内容，势必会对孩子们文明礼仪的养成造成一定的影响。小学教师需要明白的是文明礼仪班会是以学生为中心，让孩子们能够真真切切地明白文明礼仪习惯养成的重要性，从而帮助他们利用根植于内心的修养来帮助和规范自己平常生活中的点点滴滴，从而促进自身德智体美的全面发展。

在以往传统的小学教育模式中，我们的小学教育工作者常常陷入比较传统的教学观念里，只关注了孩子们学习成绩，忽视了孩子们文明礼仪等相关德育教育的工作，导致了在传统教学过程中诸多不利于学生健康成长的案例发生，甚至导致了孩子们小学辍学、无知犯罪等较为严重的案件发生。而随着德育教育被不断地重视，极大地弥补了当下小学教育中德育教育的缺失。在当下德育教育的工作中较为常见的班会模式，尤其是以学生为中心文明礼仪养成教育主题班会不仅极大地帮助了小学教育中德育教学的发展，也帮助了孩子们真正重视到了文明礼仪的重要性，不仅促进了孩子们良好习惯的养成，也弥补当下小学教育中德育教育的缺失。

（一）完善以学生为中心文明礼仪养成教育主题班会模式的主要策略

1. 养成教育主题班会的目标是为了促进学生的全面发展

小学教育的主体是处在小学阶段的孩子们，小学教育的工作者所做的一切工作都要以学生为中心，开展以学生为中心文明礼仪养成教育主题班会同样需要做到以各自班级的孩子们为中心，帮助各自班级的孩子们德智体美全面发展。在开展主题班会之前，小学教育工作者，尤其是德育老师和班主任一定要充分了解每一个孩子的性格，在寻找相关案例时要考虑每一个孩子的心理接受能力，切不可因为案例伤害了孩子们的自尊心，要时刻明白养成教育主题班会的目标是为了促进孩子们的全面发展。比如我们的小学教育工作者可以在班会前找不同性格的学生沟通，在沟通中发现孩子们存在的问题，并做好记录。有的孩子们学习成绩很好，但平常受网络影响，"出口成脏"，老师就要寻找合适的方法指正他们，并在班会上将这些方法运用于实践。有的学生虽然学习成绩不是很好，但他们懂得礼貌待人。老师就可以让这些孩子们在班会上分享他们讲礼貌带来的收获，并给这些孩子适当的奖励，从而能帮助那些不懂得文明礼仪的孩子们懂得讲文明的好处和收获。

2. 养成教育主题班会的内容是以学生生活为中心

每一名孩子所生活的环境都是不同的，所以他们所处的文明礼仪养成的生活环境也是不同的，小学的教育工作者在开展以学生为中心的文明礼仪主题班会时一定要立足于每一名学生的生活，在他们的生活中告诉他们应当如何养成文明礼仪。班主任和德育教师可以在班会前适当地进行家访，邀请那些平常就很懂得礼貌待人的学生的家长来到主题班会现场，让他们亲自告诉孩子们在生活中讲礼貌的好处。对于一些平常不懂得讲礼貌的孩子要在班会中以适当的方式点出来，让他们从内心深刻意识到自己的错误。除了让家长配合开班会以外，老师也可以要求家长们在生活中多注意孩子们的行为，及时指出不符合文明礼仪规范的错误，让家长和老师形成校内外文明礼仪的联动小集体，以孩子们的学习生活为中心，从小事做起，帮助他们在潜移默化中养成良好的文明礼仪习惯，从而真正发挥主题班会的作用。

（二）养成教育主题班会的主角是学生

任何一种教育模式的主体都应该是学生，主题班会也不例外。在进行文明礼仪养成的主题班会时我们的教师要让孩子们真正参与进来，比如可以在召开班会前让孩子们拍摄平常自己讲文明的视频，书写自己讲文明的日记，在班会现场把做得很好的同学的作品公布出来，让孩子们参与其中，真真切切地感受讲文明所带来的喜悦，让他们从内心深处学会为他人着想，感受这份很亲切的善意，从而帮助他们健康快乐地生活。

第二节　多维互动

一、家校互动对礼仪主题班会的渗透

（一）文明礼仪融入小学主题班会课的实践概述和重要意义

小学生作为初入义务教育校园的群体，他们的自立能力相对来说是较差的，班主任或者德育工作者召开主题班会时要注意这一点，要教育孩子们形成良好的人生价值观。不同的班级会有不同的问题，小学班级也不例外，班主任或者德育工作者召开主题班会要针对各自班级所存在的文明礼仪问题去进行分析并且找到各自对应的解决方法。比如，班主任或者德育工作者要根据自己孩子们在生活中的性格特点去寻找他们所欠缺的文明礼仪行为，并在召开主题班会时创造对应的情境帮助他们养成，从而起到促进学生全面发展的作用。再或者在召开主题班会时寻找适合孩子们发展的文明礼仪的优秀案例和教育失败案例放给孩子们观看，让孩子们从视听语言中找到文明礼仪的重要性，之后教师再加以引导，更直接地帮助学生养成良好的文明习惯。

另外，随着德育教育被不断地重视，极大地弥补了当下小学教育中德育教育的缺失。在当下德育教育的工作中较为常见的班会模式，尤其是以学生为中心文明礼仪养成教育主题班会不仅极大地帮助了小学教育中德育教学的发展，也帮助了孩子们真正重视到了文明礼仪的重要性，不仅促进了孩子们良好习惯的养成，也弥补当下小学教育中德育教育的缺失。

（二）文明礼仪融入小学主题班会课的实践策略

1. 深入学生思想，从学生内心出发

新时期特别是新课改实施以来，班主任或者德育工作者对于小学生的德育教育方法在一定程度上发生了改变，之前的相对传统的教学方法已经跟不上我们新时期孩子们的思维，尤其是之前一直只注重学生成绩的好坏的教育方法已经过时。如今小学德育教育深入贯彻了新课改的要求，相对于以往来说更注重的是孩子们身心健康的全面发展，因此班主任或者德育工作者在召开主题班会时应当注重的是将德育思想融入班会中，从而和孩子们的身心健康充分结合。第一步，班主任或者德育工作者在召开主题班会时要关注每一个学生的爱好和所处的生活环境，从孩子们的思想出发，深入他们的内心世界，明白他们缺乏文明礼仪的深层次原因，在做班会筹划时更好地针对这些问题做好对应的班会环节。第二步，班主任或者德育工作者要真真切切地注意每一名孩子的性格，去深入孩子们的生活中，了解孩子们的优缺点，特别是要了解他们的缺点或缺点所造成的文明礼仪缺失的种类，在召开班会时帮助他们解决缺点，从而养成良好的文明习惯。

2. 在班会中发挥学生主体作用

凝聚力是任何一种教育方式都需要的重要力量，小学班会中的德育教育也不例外。作为新时期尤其是新课改背景下的班主任或者德育工作者一定要学会在召开班会时凝聚自己班级的凝聚力，而凝聚力就是德育教育中极为重要的部分。凝聚力可以说是任何一个小学班级的核心，要想在班会中发挥班级的凝聚力就需要充分发挥班会主体学生的作用，学生在召开班会时充分参与其中，就能充分感受到班级的凝聚力，从而将这种感受带入学习生活中，而有凝聚力班级的学生在日常的学习生活中的文明礼仪等行为不会很差，也不正是德育工作在班会中渗透的成果。比如中华民族的传统美德之一就是团结集体，班主任或者德育工作者在召开班会时可以设置一些集体游戏，让学生们互帮互助、共同完成，让学生们体会游戏过程中互帮互助的快乐，在潜移默化中养成了互相帮助的好习惯，很好地在班会中起到德育教育渗透的作用。

3. 家校联动，让学生家长参与到班会实践中

每一名学生的德育工作向来都需要每一名家长的配合。班主任可以积极地与学生家长沟通，询问他们的时间，如果不能协调所有家长的时间可以采取分批参与的形式，本周班会这一批家长参与，下周班会另一批家长参与。让学生家长亲自讲述他们所遇到的文明礼仪的事情，或者让家长讲述一些中华民族优秀传统的故事，并在讲述完成后和孩子们一起分享他们的心得体会，教育孩子们在日常生活中像先辈一样讲文明、懂礼貌。这种在班会中家校联合的方式能够让学生们明白德育教育的重要性，也能让孩子们的父母起到言传身教的作用，从而帮助学生们更加健康无忧地成长。

（三）家校互动让学生得到成长

主题班会不仅让学生受到锻炼，还活跃了小学生的学习生活，更重要的是学生活动当中，分析问题和解决问题能力、语言表达能力、交际能力都得到明显的提高。如我班的陈捷思同学平时很没礼貌，不讲卫生，给人一种邋遢的感觉。通过家校协同教育模式的主题班会后，他有明显的变化，现在是班里最有礼貌的孩子，穿戴整洁。特别是平时被冷落的那些后进生，在主题班会中找到了自己的位置，使他们重新看到了希望，自信心大大增强。

同时家长也得到变化，主题班会不仅会起到小手拉大手的作用，还会使家长的不良行为受到启示，如："礼貌用语伴我成长"的主题班会时，我向家长提出倡议，要求小孩要给长辈夹菜，吃饭要等人齐才动筷，回家要先跟长辈问好等，作为80后的父母，自己很多都做不到，看到小孩的改变，自己也随着改变。

案例一：弘扬勤俭节约美德——家校共育主题班会设计

【班会背景】

班主任通过长期的观察发现学生浪费粮食、浪费水资源、浪费零花钱的现象非常严重。由俭入奢易，由奢入俭难，因此，节俭教育是十分必要和紧迫的。

【知识与技能】

认识勤俭节约的重大意义，学会使用记账软件。

【过程与方法】

掌握勤俭节约的方法。

【情感态度与价值观】

树立正确的金钱观、培养节约的意识。

【班会准备】

1. 准备关于节俭的明星和企业家的故事。

2. 准备《勤俭节约责任书》。

3. 联系两名家长，邀请其以小视频的形式讲述自己家庭对节俭的态度和做法。

4. 准备记账软件，教会学生如何在手机上记流水账。

5. 制作班会 PPT、布置会场（黑板上书写班会主题，检查投影仪、电脑等设备）。

【班会过程】

1. 引入

同学们好！最近，我发现有不少同学在食堂用餐时，吃两三口就扔掉食物，转头便进入小卖部买零食吃。这样既不营养健康又不绿色环保，更造成了很大的浪费。

2. 授课

在物质日益丰盛的今天，人们的购买力增强；在互联网平台，购买方便又快捷，很多人对物品的珍惜程度大不如从前。衣服才穿几回，不喜欢便束之高阁；本子封皮破了，便扔进垃圾桶；新买的笔用两天，不翼而飞。有同学说："没事儿，我有钱，再买新的呗！"那么是不是有钱就能毫无节制、肆无忌惮地浪费呢？我们来看看知名的企业家和明星生活中是怎么样节俭的。

3. 播放视频

记者采访著名企业家李嘉诚先生，他的一件衣服可以穿十年八年；皮鞋坏了扔掉可惜，补一补接着穿；同员工一起吃工作餐；一只价值 1000 港元的手表佩戴超过十年。

同学们最崇拜的明星，他们整日生活在聚光灯下，这样有颜值又有钱的人在日常生活中又是怎么样的呢？优质偶像古天乐先生在出席一个活动中被拍到在用一款滑盖手机打电话，一部手机用了十年。周润发先生虽然身家几十亿，也经常被媒体拍到挤公交坐地铁，平时去菜市场买菜的时候，也会讨价还价。很多人说明星们一定是过着奢侈生活，其实不然，很多明星不但节俭，还把省下来的钱用在公益事业上。比如古天乐对自己抠门但却捐款建立了 90 多所学校；周润发捐出身家 50 多亿，这些都让众多网友佩服无比。他们都把节俭下来的钱用在更伟大的事业上。

［播放视频］前面看了知名人物节俭的做法，那么我们普通家庭是如何做的呢？

教师播放录制好的家长微视频，让学生了解家长挣钱的艰辛、了解家长对节俭的态度和做法、了解家长对子女要节俭的真挚期望。

[讨论] 请同学们分组讨论并说一说：

（1）身边还有哪些铺张浪费的行为？

（2）你可以在哪些方面更节俭一些呢？说一说你节俭的方法和窍门。

[调查] 调查同学们每周的零花钱数额以及主要用处。

[APP 学习] 学习下载安装和使用随手记 APP，随时随地为自己的消费记账，并可每月看支出图表，分析从哪方面能更节约。

[签订责任书] 教师发放《勤俭节约责任书》，号召学生无论在家，还是在校期间都要做到勤俭节约。

活动总结：

同学们，我们生活在和平的年代、富庶的地区是多么幸福啊！要知道还有很多很多贫困地区的孩子缺衣少食。我们在浪费粮食、浪费水电、浪费金钱的同时，难道不感到羞愧吗？

企业家们明星们固然不缺钱，但他们依然很节俭。节俭是美德，与口袋里有没有钱、有多少钱无关。想一想，我们有什么理由不节俭呢？

毛主席说过，要"全而持久地厉行节约"；习主席也号召我们"厉行节约、反对浪费"。节俭是美德、节俭是品质、节俭是态度。我们要从一滴水、一度电、一顿饭、一件衣物等小事做起，在生活中处处培养勤俭节约的意识和习惯。

勤俭节约责任书

勤俭节约是我国的传统美德，为了更深入贯彻执行建立节约型社会的相关要求，根据本班同学的实际情况，制定本责任书：

一、节约用电

节约每一度电，在光照条件较好时，关闭照明；能养成随手关灯、切断设备电源的习惯。

二、节约用水

用完水或见到滴水的水龙头，请及时拧紧，发现损坏及时报修，严防跑、冒、滴、漏现象，杜绝出现"长流水"现象。

三、节约粮食

节约粮食，不挑不拣，饭菜按需盛量，切实做到"光盘"。

四、节约用纸

1. 能用电子稿的尽量不打印。
2. 单面用过的纸张，反面再利用。
3. 尽量避免使用一次性纸杯、饭盒。

五、零花钱的使用

1. 珍惜每一分钱，不乱花零花钱。
2. 不在吃、穿、用等方面攀比。
3. 能对零花钱的使用有计划，并做好记录。

责任人（签字）：_____

日期：　　年　　月　　日

案例二：记疫情期间的一次网络主题班会
——共情陪伴，促进亲子沟通

【班会名称】

"共情陪伴，促进亲子沟通"

【班会背景】

疫情期间，停课不停学。作为班主任的我，在催学生作业的时候接到几个家长的电话，讲述孩子在家沉迷各类电子产品，不听他们的话，导致学习任务经常不能完成，亲子关系也几近紧张。虽然师生不能相见，但也可以想象到——学生和家长都待在家里，24小时相处下来，一切毛病都被放大，家长开启了骂孩子、做家务、再骂孩子、再做家务的循环；而随着3月陆续复工，孩子开启了"老虎不在家，猴子便是王"的自在生活……这是许多家庭的真实情况，但不是我们期待的孩子居家学习的模样。

【班会目标】

抓住学生居家学习对家庭教育的强烈需求，聚焦学生居家学习中面临的家庭教育难题，开展网上主题班会并邀请家长参加，提高家庭教育的质量和水平。

【班会准备】

为了达到预期的目的，班会的前期准备工作需要做到细致。整个班会的前期准备过程同学和家长们都积极参与其中，每一位同学和家长都是班会的主人。

在准备的过程中，同学们渐渐发现，一些本来紧张的亲子关系也不知不觉缓和改善了许多。

【班会过程】

1. 主持人开场：由主持人进行开场白，对此次班会进行介绍，引入班会主题："共情陪伴，促进亲子沟通"。

2. 欣赏事先录制好的一段亲子视频：瑞瑞和妈妈的对话。

（瑞瑞为我班一名女生。）

妈妈：（焦急地）瑞瑞，你怎么又在看手机了？

瑞瑞：哪有啊？（否认）

妈妈：还说没有？

瑞瑞：我才刚看一会儿嘛！（辩解）

妈妈：明明看了半小时了！还不去上网课？老师们在催交作业了。

瑞瑞：我刚交过了，我想看看疫情什么时候结束，天天待在家里，我都发霉了，我想出去。

妈妈：待在家里最安全，担心有什么用，还不如多花点时间在学习上。明天的课你预习了吗？

瑞瑞：我已经看了，你不是让我看到九点吗，现在已经九点啦。

妈妈：多看几分钟不行吗？你好多同学在家自觉地学习，等到疫情结束，你们回到学校，差距会越来越大的。你要静下心来多读读书，阅读在于积累，你将来阅读，写作才会越来越好……

瑞瑞：知道了，（捂耳朵）你烦死了……（起身离开）

3. 同学们讨论：为什么最后瑞瑞会和妈妈吵起来？

（由同学和家长自由发言）

主持人1总结：为什么瑞瑞和妈妈会产生矛盾呢？因为他们没有站在对方的角度考虑问题。心理学上有个理论，叫"吴氏凹洞情绪处理模式"。台湾心理学大师吴丽娟指出：当一个人遇到问题，而这个问题对他来说重要而烦恼时，他的情绪就好像掉在凹洞里，此时你在高处跟他讲"待在家里最安全"等道理，他是很难听进去的。如果你站在他的身边，看到他真正的感受，接纳和理解他的情绪，你的理解和陪伴会促进他进行自我探索，这样他才会有动力走出情绪凹洞，这个时候你再去提建议他就比较容易听得进去了。这次疫情期间曾做过一个调查，调查显示，当遇到重要且烦恼的问题向父母倾诉时，65%的同学选择：能先理解我的感受，再给我建议。48.73%的同学希望父母：能安抚我的情绪。可见，大家的需求就如凹洞理论告诉我们的那样，希望先处理情绪，再讲道理，提建议。当你往凹洞走，理解对方感受并让他知道的这个过程利用的沟通技巧就叫"共情"。那么，当你遇到重要且烦恼的问题时，你希望你的父母怎么做呢？

4. 看视频思考：如果是你遇到问题，你更喜欢熊，还是鹿的做法？

（视频内容大致如下：一只小狐狸掉进了洞里，鹿站在高处大声地说："我很同情你，来个三明治加加油怎么样？"而熊则选择站在小狐狸的旁边，理解它，安慰它，拍拍它的肩膀表示支持它，然后给它建议如何走出树洞。）

同学与家长相互讨论并说明喜欢的理由。

主持人2总结：在小狐狸遇到问题时，鹿在高处讲道理，提建议。而熊则表达了理解情绪，传达了支持，最后帮助小狐狸一起解决了问题。因为直接回应很少能让事情好转，真正能让事情好转的，是情感的连接。通过熊的做法，我们大致能理解共情的概念吧。共情就是设身处地站在对方的立场，客观地理解对方的内心感受及想法，且把这种理解传达给对方。我们也可以分步骤如下：站在对方的角度理解；通过语言和非语言因素传达你的理解。

5. 亲子共做模拟题。

小陈：我已经很努力了，可是我的数学还是考不好，马上就要期末考了，我担心数学又考砸了，我该怎么办呢？

如果你是小陈，你希望你的父母给出什么样的回复呢？你觉得哪一种属于共情？

A：担心有什么用，抓紧时间复习，做练习题啊。

B：相信自己，付出肯定有回报的，你这么努力，坚持下去肯定会有进步的。

C：你希望提高数学成绩，可是觉得单单靠努力并不够，不知道怎么办才好，有些焦虑，这些都是可以理解的。

同学们和家长们各抒己见。

主持人2解说：A提出了建议，B则鼓励小陈要努力，C则从小陈的话里听出了弦外之音，无助和焦虑，并就对方情绪感受的方式进行回应。同学们有没有觉得讲出了你内心的感受呢？那么，作为家长，我们还可以通过目光、动作和适时的情景来带动孩子解决问题，只有真正共情对方，我们才能真正打动对方，走进对方的心里。

6.试着重新编排瑞瑞和妈妈的对话，邀请几组亲子参加。

妈妈：（焦急地）瑞瑞，你怎么又在看手机了？

瑞瑞：我只是打开手机看看疫情什么时候结束，我想出去。

妈妈：是啊，疫情期间待在家里，让你感到烦闷，能给妈妈具体说说吗？

瑞瑞：在家上网课不能和同学一起玩，只能听老师在网上讲课，时间久了觉得很无聊。而我一拿起手机你和爸爸就叫我学习学习，让我很烦。

妈妈：一直这样学习让你感到太单调了，爸妈这样管着你，也让你感到不舒服。可是现在如果不抓紧时间，疫情过后回到学校跟同学差距会越来越大的。

瑞瑞：我知道你们是担心我跟不上进度会掉队是吗？相信我，我会慢慢跟上来的。你们上班也很辛苦了，我会安排好自己的事情，不会让你们担心的。

妈妈：（搭着瑞瑞的肩膀）那样爸妈就放心了。天天只能在家上上网课确实很无聊，我们一起想想怎样让我们在家学习更加地丰富有趣一些，更加地劳逸结合？比如上完网课做你喜欢的蛋糕，看一部有趣的电影，你说好不好？

瑞瑞：好呀好呀！一会儿你教我做红烧排骨，明天你们下班了我做给你们吃！

主持人3：刚才几位家长通过亲切的话语，拥抱孩子等一步一步地共情孩子的感受，瑞瑞也学会理解妈妈的做法，她们之间相互理解，更好地表达了内心的想法，所以沟通变得更加顺畅。

班主任总结：亲爱的家长们，在生活中，当孩子遇到一件很重要但让他烦恼的事情时，你们以往惯常的做法就是讲道理，或者直接给建议去处理事情，我们今天一起学习了这一课过后，你们知道应该首先理解孩子的情绪，然后给出建议吧。同时作为子女，孩子们也要理解爸妈和我们一样也会有情绪，作为子女，我们是不是也要学会安抚照顾爸妈的感受，体谅他们工作的辛苦，学会表扬赞美呢。如果他们因心情不好而责备我们时，我们应控制好自己的情绪，等双方都冷静了，我们再坐下来好好地沟通。

【板书设计】

"共情陪伴，促进亲子沟通"

【班会反思】

通过本次班会，增进了班级同学之间、亲子之间的感情。同时也让同学们意识到我们的身边，一直有爱我们的父母及其他亲人在爱护着我们、帮助我们。疫情期间全家人都待在家里，也为我们提供了更多亲子陪伴的机会。对父母来说，这样的主题班会增强了父母在教育孩子过程中的参与感，同时也能在学习如何科学地培养孩子的过程中，推动自身变得更加优秀。父母的成长会带动孩子的成长，孩子的成长也会促进父母的成长。

第三节　重视实践

一、主题班会实践的价值认知

现阶段，随着社会各界对小学学生教育、管理的普遍关注，主题班会的作用、价值、功能逐步受到各方面的普遍重视。加强主题班会设计，凸显主题班会效能，便成为新时代小学班级管理得以实现的最好途径。但是，受到长期以来诸多不当导向、不良思想的制约，使得很多主题班会的设计、实施呈现出内容冗杂、导向不明、定位不准、形式枯燥、组织乏味等弊病。很多教师在主题班会开展中偏向理论说教，教育效果不够显著，管理效能难以凸显。对此，充分发挥综合实践活动理念的作用与功能，为小学主题班会设计注入新鲜血液，提供多元驱动，便显得尤为必要。

二、结合班会主题，确保综合实践活动设计的创新

基于综合实践活动理念的综合实践活动设计、组织、实施，应该始终本着学生为中心、情境为中心、活动为中心的定位，给予学生更多实践体验、参与探究、感知体味的机会，以达到彻底摆脱传统班会形式的枯燥性、空洞性、乏味性弊病的目的。因此，教师在进行主题班会设计时，应该从学生需要出发，确立具有针对性、实践性、多元性、丰富性的综合实践活动，并将班会主题与班级学生所存在的问题、现实社会的热点、教育管理的需要等结合起来，并切实创新综合实践活动的形式、措施、路径，让学生从某一主题出发，提升其思想认识，塑造其价值观念，形成其道德情操。一是结合学生特性确定班会主题，开展综合实践活动。教师应该悉心探析学生在日常班级生活、教学活动、学习发展等方面的表现、动向、特点等，进而从学生之间所表现出的一些细微性差

异、个性化问题等出发，对其进行拓展、延伸，设计出带有防患性质的班会主题，并积极搜寻综合实践活动材料、资源、案例等，让每一个学生都获得对应的参与机会，并诱发其心灵的触动，为综合实践活动创新提供保证。二是根据管理实际确立班会主题，组织综合实践活动。针对每一个阶段班级管理、教育的目标，就班会主题做出科学、明细、精准的规划，并在不同教育、管理时段融入对应综合实践活动，使其为更好凸显班会主题呈现，更好作用班会效能发挥而提供助力，让学生在潜移默化式陶冶、循序渐进式涤荡中触发心灵共鸣，激活思想情感，获得提升发展。例如，针对部分学生不能按时、保质完成规定任务，责任心缺失等问题，教师可以设计以"我的岗位我负责"为主题的班会综合实践活动，首先组织学生分析不能按时完成规定任务的弊端、影响等，随后鼓励学生畅所欲言，交流自己的认识、看法、思想、对策等，最后提炼出今后落实的方向、要求、规定等。这些源自学生的见解、认识等，势必会引起学生心灵的共鸣、思想的重视，班会效果自会更为显著。

三、根据班会需要，凸显综合实践活动实施的优化

由于小学阶段很多孩子在思想、意识、行为上有着很强的可塑性、发展性，加之诸多不确定因素的影响，使得必要的爱国主义教育、理想信念教育、公德意识教育、公民道德教育等显得尤为重要。因此，教师在设定综合实践活动时，应该紧密围绕班会主题，将学生引入更为宽泛的认知视域，以充分激活学生思想情感，切实提升教育管理效能。一方面，教师应该切实凸显综合实践活动的系统性，切记一节班会课围绕一个主题，综合实践活动不能冲淡教育主题，影响班会效果。而应该将所确定的班会主题与所开展的综合实践活动置于一个系统性、关联性体系内，让学生在层层深入、逐步推进中获得发自内心的触动，以切实发挥综合实践活动的功能。另一方面，教师应该充分提升综合实践活动的引领性，多给予学生展示、参与、互动的机会，积极搭建平台，铺设道路，让学生在综合实践活动中根据班会主题畅所欲言，释放自我。久而久之，随着综合实践活动的深入开展，主题班会的教育效能也会充分达成。

四、依托学生实际，拓宽综合实践活动的路径

只有使综合实践活动的开展与学生实际情况密切关联，方可更好凸显其价

值，发挥其功能。这使得教师对综合实践活动与主题班会的融入情况，直接影响着学生教育成效。因此，教师在设计主题班会时，应该加强对综合实践活动路径的拓展，将学生引入更为宽泛的认知视域，让学生在综合实践活动参与中有收获、有体会、有提升。一是加强对生活素材的引入，借助学生感兴趣的话题、议题、案例等，组织学生离开教师乃至校园，进入社区，服务他人，以丰富综合实践活动的内涵。二是加强对媒介资源的融合，通过播放视频、展示图画、创设情境等，让学生扮演角色、进行表演，在切身体会中实现自己，提升自己，锤炼自己。三是加强对交互平台的构建，利用发放问卷调查表、倾听学生心声、征集学生意见等方式，确立阶段性班会主题及综合实践活动，达到丰富班会内容，激活学生思想、情感的教育目的。

五、结论

总之，实现综合实践活动理念与小学主题班会设计、实施的深度融合、密切关联、有机衔接，有着很强的现实性、必要性、科学性，既可以提升主题班会效能，又可以促使学生发展。因此，教师在借助综合实践活动理念落实主题班会设计与实施时，应该加强对学生现状、实际、需要的研究与剖析，进而让诸多具有针对性、有效性、宽泛性的综合实践活动融入学生视域，为促进学生认知发展、自我实现，潜能激活而提供助力，给予保证。同时，针对不同学生特性，教师更应该凸显出综合实践活动的差异性、多元化，使每一个孩子的成长需要获得切实满足，让综合实践活动更好地服务于主题班会设计与实施，更好地作用于学生认知与发展。

案例：珍爱生命、健康成长、提升生命价值

【班会主题】

"珍爱生命、健康成长、提升生命价值"——疫情下的生命教育。

【班会背景】

2020年一场突如其来的疫情席卷全球，这是地球在向命运共同体的人类做出的警告：如果人类再不懂得关注生命本身，这绝对不是最后一次的报复！对于小学生而言，培养保护自然，珍爱、敬畏生命的意识是形成正确价值观的有效途径。

三年级学生，已具有良好表达和查阅资料的能力，能够拥有自己独立的思考和认识，对待新知识充满期待和学习欲望，认真学习实践。因此，我设定以下教育目标。

【班会目标】

1. 通过班会，使学生清楚认识生命珍贵，要珍爱生命。

2. 引导学生热爱生活，正确克服困难，健康快乐成长。

3. 教育学生敬畏生命，提升生命价值，培养学生爱国情怀和奉献精神，增强社会责任感和民族自豪感。

【班会准备】

教师准备：主题班会PPT，围绕主题，动员孩子们积极参与讨论。

学生准备：活动知识资料。

【班会过程】

（一）活动导入

师：亲爱的同学们，2020年寒假，注定是我们一生中难忘的日子。一场突如其来的疫情打破往日新年的喜悦氛围。一篇篇新闻，一串串数字，一个个故事，多少人因感染病毒而失去生命……我们能活着，在家人身边，在学校上学，多幸运啊。我们是不是要爱护我们的身体，珍惜我们的生命呢？

今天，老师和大家一起上一节主题班会课，主题名称是：（生齐读主题）珍爱生命、健康成长、提升生命价值——疫情下的生命教育。

（二）感悟生命，珍爱生命

1. 师：课前让大家分组查阅资料，首先请一小组带来故事：一只蝙蝠的自述。请同学们边听边思考，故事讲述什么内容？你有什么启发？

2. 生看视频后谈论自己的看法。（"蝙蝠好可怜，我们要保护它，不伤害它"；"生命那么美好，我们应珍爱生命"……）

3. 师：听完一小组的分享，老师也给你们带来知识——母亲孕育生命的艰辛。（课件）

设计意图：师生共分享有关生命的内容，学生从相关知识中充分体会生命诞生是艰辛的，感悟生命的珍贵从而实现教育目的——珍爱生命。

（三）敬畏生命，健康成长

师：前面我们了解生命的故事和知识，感悟生命可贵，我们要学会珍爱生命。下面请二小组分享。

1. 代表：课件出示乱买卖、宰杀动物图。从这几幅图中，你看到了什么？你看懂了什么？（生看图，生依次回答。）

师：丧失对生命的尊重，忽视自己是生态系统一员的时候，最终受伤的是人类自己。谢谢二小组的分享，接着请三小组带来知识分享。

2. 认识世界野生动植物日，学会尊重生命。

代表：3月3日，谁知道这一天是什么节日？（生不知）明确：这一天是世界野生动植物日。

代表：课件出示人类尊重和不尊重野生动植物生命图。其他同学看后分享感受，体会尊重生命的必要性。

师：感谢三小组的分享。孩子们，维护地球所有生命就是维护人类自己，尊重生命，爱它亦爱己。珍爱生命共同体，我们一起行动。

设计意图：引发学生思考，体会尊重生命的必要性。

3. 分享图片，敬畏生命，健康成长。

师：在这繁杂多变的社会中，我们身边有这样一些让我们对生命敬畏且感慨的人，请四小组分享他们的学习资料。

代表：（图片展示）"他们，身残志坚！""他们，永不放弃！""没有手，我照样能写字！"……

师：其实，在我们生活中，这样的名人事迹还有很多，出示：海伦·凯勒、张海迪、《千手观音》聋哑演员、2008年残奥会跳远冠军李端……

4. 师：孩子们，看完这些图，你有什么感受？（生："他们都那样了，还坚强地活着，我更要坚强""想不到生命是那样坚强"……）

师：世界因生命而精彩。珍爱生命的人，无论何时何地遇到多大挫折，都不会轻易放弃生的希望。其实在生活中，当我们遇到挫折困难时，都需要有一个健康的心态去面对：如何调整不良心态，形成健康的心理？请看屏幕。（师讲生听）

设计意图：借用图让学生体会生命的精彩，实现孩子们懂得健康成长的意义价值，学会敬畏生命，健康成长。

（四）绽放生命，提升价值

师：生命如此宝贵，我们要善待、珍惜生命，让生命绽放出绚烂的光彩！最后请五小组为我们分享内容：疫情英雄事迹——向"逆行英雄"致敬。

代表：同学们观看以下两篇英雄事迹，看完后分享你的感想或心得。

篇一：疫情暴发，钟南山爷爷分享中国的抗疫经验。

篇二：除夕夜，医疗队员刘丽随队支援武汉。准备去外地看女儿的她临时登机前往武汉，愧对女儿……（生交流感想和心得。）

1. 课件：配乐播放"逆行英雄"照片。

师：怀着对生命的敬畏，播放歌曲——《我的梦》，学生观看英雄照片。

2. 师：生命的意义不在于长短，而在于内涵。我们的生命是可贵的，我们要好好珍爱生命，健康地成长！那么，孩子们，当下我们该做些什么呢？

生交流：要努力读书；要帮忙做家务；要乐于助人，多做善事……

师：父母给了我们宝贵的生命，四肢健全的我们，生活在一个无忧无虑的幸福世界里。我们一定要珍爱自己的生命。

设计意图：借英雄事迹、音乐和英雄图片让学生感悟生命的精彩，绽放生命，提升价值。

【班会总结】

师：同学们，现在你也许没有能力为国家做一番大事，为医学出一份力，但你能做的事依然有很多：你可以多学习，宣传防疫知识；你可以立志，少年强则国强……珍爱生命、健康成长、提升生命价值是每个人的责任，希望你们都成为一个有责任、有担当的人。让我们共同努力，珍爱生命，绽放生命不一样的精彩。

【班会反思】

主题班会是学校德育的重要组成部分。在教学中，明确主题内容，用多样化方式教学，通过分组、合作来调动学生参与度和积极性。在分享交流中孩子们精彩表现，积极发言，从发言中体现出珍爱生命的重要性；学习知识，孩子对生命一词有更深刻了解；课后的心得体会呈现他们学会了珍爱生命、敬畏生命和提升生命价值。

我认为本节课还可以继续改进的地方是："生命"这一主题是很容易触及人内心情感的，因此在分享故事或一些人物事迹时，我的语气更应声情并茂，让孩子们通过语气感受情感，理解珍爱生命的内涵。与此同时，我还认为这样的教育不应只停留在这样的一堂课当中，应渗透在孩子的学习和生活中，让他们在持续不断的浸润中形成"珍爱生命，敬畏生命，绽放生命"的意识。

第四节 策略的实行

案例一："感恩父母爱"主题班会

【班会目标】

1. 让学生深入体会父母之爱，感受亲情的伟大与无私。
2. 让学生理解、关心、孝敬父母，以实际行动报答父母，学会感恩。

【教学重难点】

重点：体会父母的爱，孝敬父母。

【班会准备】

课件、视频、诗歌、歌曲。

【班会过程】

（一）引入

师：同学们，现在又到了班会的时间，在开班会前我要问问大家（大屏幕出示）：世界上有一种"爱"最平凡、最伟大、最无私、最珍贵、最长久、最感人，请问这是什么爱？（父爱和母爱）。今天班会的主题是"感恩父母爱"。我宣布："感恩父母爱"主题班会现在开始。（鼓掌）让我们在歌声中开始这次班会。全体起立，唱《感恩的心》。

（二）活动过程

师：这次班会分三个篇章，第一篇章：回顾父母爱；第二篇章：明白父母爱；第三篇章：回报父母爱。

第一篇章：回顾父母爱

师：请同学们看一段视频，（放视频1——一位母亲为远在外地、没时间回家的儿子做一罐他最爱吃的菜）。看后谈谈，短片中的妈妈在做什么？她为什

要这样做？你体会到了什么？（学生回答）

师：是呀，这位妈妈就想为远在外地、没时间回家的儿子做一罐他最爱吃的菜，不管多急、多累，道路多难走，妈妈都无所谓。同学们，生活当中，我们的父母无时无刻不在为我们默默地奉献着（放幻灯片——爸爸妈妈爱我们的图片解说），这里都包含着浓浓的父母爱。下面开始班会的第一篇章：回顾父母爱。请同学们说说父母为你做的最让你感动的一件事。（学生回答。）

生1、生2、生3……

师：这么多感人的故事时时在我们身边发生，从我们出生的那天起，爸爸妈妈就不辞辛劳地照料我们，精心哺育我们，耐心教导我们，累白了头发，累弯了脊梁，却无怨无悔，让我们在无尽的关怀和温暖中幸福地长大。所以他们的爱是世界上最平凡、最伟大、最无私、最珍贵、最长久、最感人的爱。

师：让我们一起朗诵一首诗——《妈妈的爱》。

第二篇章：明白父母爱

师：请同学们继续看视频（放视频2——儿子不小心打碎了那罐菜），说说你有什么感受？（学生回答）

师：当罐子掉到地上的那一刻，摔碎的不只是一罐菜，摔碎的是妈妈那一颗爱儿子的心。看着地上散落的充满了浓浓母爱的菜，儿子充满了自责、悔恨。同学们，生活中，我们也一定做过让父母难过的事对吧？（对。）佳芬也做过，请听《一碗面的故事》（师讲《一碗面的故事》）。佳芬明白了妈妈的爱，同学们你们明白父母的爱了吗？（明白了。）下面开始班会的第二篇章：明白父母爱。请同学们说说你做过的让父母伤心，自己又很自责的一件事。

生1、生2、生3……

师：面对着父母给予我们的爱，有时我们不明白，顶撞父母，甚至怨恨父母。但是，不管我们怎样做，父母都会原谅我们，都会一如既往地爱我们，为我们奉献自己的一切。所以他们的爱是世界上最平凡、最伟大、最无私、最珍贵、最长久、最感人的爱。

师：让我们再一起朗诵一首诗——《父爱和母爱》。

第三篇章：回报父母爱

师：请同学们继续看视频（放视频3——儿子品尝那罐菜），再说说你现在的感受？（学生回答。）

师：当儿子品尝菜肴的时候，他感受到的是带着浓浓母爱的香味，儿子被这爱感动着，以至于他不顾一切地奔下列车，扑进母亲的怀抱。而在那一刻，母亲的微笑，拥抱儿子的双手足以证明：母亲的满足，母亲的欣慰。同学们，生活中，我们是否也应该做一些让父母高兴的事呢？（是。）故事《乌鸦反哺》《羊羔跪乳》（放幻灯片），动物尚且如此，更何况是我们呢？下面开始班会的第三篇章：回报父母爱。请同学们说一说我们应该怎样来回报父母给予我们的爱。（学生回答。）

生1、生2、生3……

师：孝敬父母不需要我们做什么惊天动地的大事，陪父母聊聊天，给父母捶捶背、洗洗脚，一个祝福、一句问候、一朵鲜花、一个拥抱，甚至只是一个微笑……足以让父母感到欣慰。

师：我想此时此刻大家一定会想为自己的父母做点什么，来表达自己的感恩之心对吧？（对。）那就把你的感恩行动写在感恩卡上，贴到自己的文具盒、书包、语文书或者数学书上，提醒自己用实际行动来完成感恩心愿。好吗？（好。）（学生写感恩卡，贴感恩卡。）

师：希望同学们从今天开始，付诸实践，孝敬我们的父母。因为他们的爱是世界上最平凡、最伟大、最无私、最珍贵、最长久、最感人的爱。

师：让我们一起唱一首歌——《孝敬父母》。

（三）班会总结

师：同学们，因为感恩才会有和谐的社会，因为感恩使我们领悟到了生命的真谛。今天的班会，让我们受到一次深刻的教育，我相信，我们全体同学都会行动起来，回报亲恩，做孝敬父母的好孩子。让孝敬父母之心永存我们心中。我宣布："感恩父母爱"主题班会结束。

案例二："作业小达人"主题班会

【班会背景】

作业是帮助学生巩固知识，查漏补缺的重要手段。作业还是课堂与知识的延伸，通过完成作业，学生可以清楚地知道自己对于知识的掌握程度。教师通过批改作业，可以清楚地了解班级成员对知识的熟悉程度。由此可见，作业在教学过程中是十分重要的。那么，问题随之而来，部分学生不重视作业，敷衍了事，部分学生想要认真完成作业，但是作业内容不够规范，学生没有找到正确的方法。因此，引导学生认真、规范地完成作业是教师的重要任务，也是提升学生综合能力的首要前提。

本课以小学三年级的作业为例，通过给学生要求作业格式、展示优秀作业、小组互评等多种形式，改善学生的作业状况，培养学生良好的作业习惯。

【班会目标】

知识与技能：了解规范化作业的要求，学习其他人优秀的作业习惯。

过程与方法：通过观看优秀作业、联系亲身经历、小组互评等多种形式，观察自己与其他人的作业的不同之处，自己尝试更改作业方式。

作业的规范化准则：要求学生自己认识到不完成作业以及不规范完成作业的危害，并通过小伙伴、教师、家长的帮助寻找出努力克服这一困难的方法，培养出优秀的作业习惯，保证以后的作业整洁、认真、规范。

【班会对象】

小学三年级学生

【班会准备】

教师：课件、收集学生们的各科作业资料、小组名单。

学生：事先观看小组成员的作业，并思考自己作业与他们的共同以及不同之处，并将其分为好习惯和坏习惯。

【班会过程】

（一）暖身游戏——我们都是小老师

今天，我们来展示几份作业，语文、数学、英语每一科都有哦，作业上没有姓名，咱们来一起判断一下作业好坏，并且请大家说出好的作业的优点在哪里，不好的作业的缺点在哪里。

同学们，我们观察了这几份作业，大家也都对这几份作业做出了很好的判断，很明显，有的作业在开头标注了作业名称，并且与上次作业进行了合理的空位。而有些作业则杂乱无章，每次看的时候都需要刻意地寻找。有些语文作业严格遵守了四线三格的标准，并且每个汉字基本上占了格子的4/5，有的语文作业，字母与汉字上飞下跳，七零八散的，令人"头疼"。除此之外，还有部分同学偷工减料，没有及时地改正错题，这些都是咱们班里同学存在的问题哦，但是此次作业展示是匿名形式哦，老师在这里也没有特地批评某位小朋友的意思，这些问题也是我们班普遍存在的问题，我们要及时改正错误，才能成长，才能变得很优秀。

设计意图：通过一个暖身游戏，让学生可以更快、更好地融入主题班会中，作业不规范的现象不是个别同学存在的，而是班级里普遍存在的问题，因此，通过PPT进行展示可以在轻松的氛围里让学生认识到自己的问题，并且积极改正，同时也为本次主题班会的顺利开展做了良好的情感铺垫。

（二）绘本乐园——小小反思站

过渡：刚刚我们观看了自己的作业，同学们也看到了自己或者其他小伙伴们存在的问题与不足，那么现在我们的任务就是解决掉这些问题。首先，我们先来自我反思一下，我会给大家发放一张表格，里面有我们为什么写不好作业的原因，请大家根据自己的实际情况进行填写。

我可能存在的原因	第一周	第二周	第三周	第四周	第五周	第六周	第七周	备注
坐姿不正确								
写作业时无法静心								
握笔不正确								
不想修改作业								
写作业粗心								
上课注意力不集中								
写作业拖拉								
语文作业字迹不整								

设计意图：通过上一环节学生们已经清楚地认识到了自己存在的问题，那么，通过学生自我反思，可以起到"趁热打铁"的效果，在这种情况下，给学生们罗列出作业完成不认真的原因，并让其选择，在90%的情况下，其选择的

原因就是平时自己出现的陋习。

（三）操作天地——我们都是小能手

过渡：刚刚大家都进行了反思对不对，也都认识到了自己的问题，那么我们既然寻找出原因了，下一步是不是要进行更改呀？

现在，请各位同学拿出自己的作业本，按照自己反思后的作业方式将PPT上所展示的这首儿歌抄写下来。完成以后，和自己以前的作业进行对比，观察是不是有不一样的地方，是更好了还是更差了。

设计意图：学生们进行反思后，下一步就是要学生去实践，通过课堂写作业，可以让学生们更加清楚明了地见识到自己的进步，认识到自己可以写好，以前只是没有认真。这样可以极大地鼓励学生以后认真完成作业。

（四）展示台——我们来比一比

过渡：老师刚刚下去观察了一下，原来只要认真起来，小朋友们都可以写好呀，不过还有部分同学存在坐姿不正确、本与笔、桌子的间距不对等问题，这个是需要我们慢慢改变的，我相信，在老师与同学们的共同努力之下，小朋友们一定会把作业完成得越来越规范对不对。

接下来，我们先在小组里进行比拼，每个小组最后推选出一份优秀的作业，最终进行班内比拼，获胜的小组有奖励哦。快开始吧！

设计意图：只让学生自己观察变化是不够的，还需要教师以及其他学生的认可，通过这样的比拼，可以让学生们借鉴优秀作业，认识到自己还有不足之处，还需要努力。除此之外，以小组的形式进行比拼可以增强学生的团队精神。

（五）总结升华

1.在此次班会中，我们学到了什么？可以选择学生进行回答。

2.教师小结：通过这一系列的活动，我们清晰地认识到了我们作业中的不足，并且了解了改变方法，相信每一位同学都可以养成良好的作业习惯，以后每科作业都是漂亮的、规范的。

3.拓展：同学们保留好刚刚的表格，以后每一星期进行一次反思，观察变化。

第四章

社会主义核心价值观主题班会的设计实施案例解读

社会主义核心价值观属于宏观层面的价值理念，对于小学生来说，他们基于阅历认知问题，无法从宏观角度去理解探索这些话题，因此社会主义核心价值观主题班会设计与实施，只需要带有相关内涵特色，且符合学生成长即可。

第一节　国家价值观主题的主题班会设计案例与分析

案例一："红色精神永续传承"党建主题班会

学习英雄事迹，感悟英雄品质，增强守初心、担使命的思想和行动自觉，从身边的小事出发，培育新时代少年的责任与担当。多样化的形式，线上线下的支撑，学科知识的融合，厚植红色基因，引导少先队员向上向好。

【班会背景】

2020年4月，在祖国的西部边陲，戍边英雄用热血和青春筑起巍峨界碑，用鲜血和生命捍卫祖国河山，寸土不让。他们的赤胆忠心和勇敢无畏令我们敬仰，他们是人民英雄。在清明节时节，通过学党史、祭英烈主题活动，学习英雄事迹，感悟英雄品质，引领少先队员崇尚英雄、致敬英雄，激发少先队员继承和发扬党的优良传统，增强守初心、担使命的思想和行动自觉，培育新时代少年的责任与担当。

【班会内容及目标】

在中队辅导员的引导下，通过小组合作学习、基于互联网环境下的新型学习方式来学习党的历史，小组合作展示多样化的学习党史的成果，明晰自己成长目标，从小听党话，跟党走，努力成为能够担当民族复兴大任的时代新人。从戍边英雄的故事出发，参与清明节云缅怀烈士的活动，深刻体会爱国情怀。通过"小榜样"活动，鼓励少先队员要从小学先锋，长大做先锋，努力成长为生活中的小榜样、小英雄，从身边的小事出发，不负时代使命。

【班会对象】

六年级少先队员

【班会准备】

确定主题后，召开中队会，商议方案，组织分组，明确分工。

中队各组根据任务收集素材，制作汇报成果。

"小榜样"活动的道具和方案制定。

【班会过程】

我们在一系列规范的队的仪式后开始了本次活动。

活动一：学党史、知来路、明目标，全中队分为两大组，开展了党史学习活动。

第一大组（少先队员A）：我们组的成员利用互联网搜集并梳理了中国共产党的大事记，以红色地图的形式将关键的信息整理成了图文并茂的PPT，在全中队进行了汇报，其他小组成员在我们汇报后进行了组内讨论、组间交流，全中队由点及面地开展党史的学习。通过这次活动，我对中国共产党的发展史有了更加清晰的认知，更加坚定了自己的社会主义信念！

第二大组（少先队员B）：我们组的成员结合信息技术在计算机上绘制了爱国主题的电子绘画作品，将学习党史后心中的爱国情怀通过电子绘画的形式展现，电子绘画永久保存的特征正如我们对祖国永恒不变的热爱。

总结：队员们通过自主探究和整理梳理出了党的大事记，用电子绘画的形式表现出对党的热爱之情，为建党100周年献礼，在交流和讨论中学习党史，深刻理解了学习党史的意义，为实现中国梦注入少先队员的活力和生机。

活动二：祭英烈、感党恩、跟党走：我们在中队学习了戍边英雄守卫祖国边境的故事，并再一次回顾了疫情中最美的逆行者，带领队员们进一步认识为了人民负重前行的最可爱的人。我们将队员分为三个小组，分别以不同的关键词为切入口开展了"学习戍边英雄，争做时代新人"的学习活动。

一组（A）：我们组的关键词是"爱国"。我们就想到前不久戍边英雄的故事，在他们身上，我们感受到了英雄身上最清澈的爱国情。"苟利国家生死以，岂因祸福避趋之。"英雄战士陈祥榕的日记中写下了八个字："清澈的爱，只为中国。"爱国就是英雄们"大好河山，寸土不让"的坚定。他们在用生命热爱着脚下的土地，践行着保卫祖国保卫人民的誓言。我为自己是一名中国人而感到骄傲，为自己生活在强大的中国感到幸福，更对那些守护和平默默奉献的人们永远感恩！

二组（B）：我们组以"责任"为关键词进行了资料收集。疫情期间湖北金银潭医院院长张定宇以渐冻症之躯坚守在抗击疫情的最前线，用身体力行践行着一名共产党员的责任与担当。"天下兴亡，匹夫有责。"古语有云："位卑未敢忘忧国。"只要我们人人都负起一份责任，就会构筑起中华民族最牢不可破的铜墙铁壁。作为少先队员，我们要树立远大的理想，锻炼强健的体魄，丰富美好的心灵，发挥创造的精神，努力成长为社会主义的建设者和接班人。

三组（C）："奉献"是我们组的关键词。"卫国戍边英雄团长"祁发宝：张开双臂绝不后退的坚定勇气，将胸膛迎向重围，把后背留给祖国，像界碑一样屹立不倒的伟岸背影，奉献了生命的力量！正是无数前人和英雄的奉献与付出，才有了我们如今的岁月静好。作为新时代的少先队员，我们也要从小心中有他人，心中有集体，心中有祖国。关爱同伴帮助他人，热心公益服务社会，茁壮成长奉献祖国。

总结：在学习了戍边英雄的故事之后，队员们深受感染，哪有什么太平盛世，只是有人为我们拼命负重前行。作为少先队员我们要牢记习爷爷教导，听党话，跟党走，传承红色基因，为共产主义事业而奋斗！

活动三：起征程，同努力，勇担当：在学习了党史并且深入了解爱国英雄之后，作为少先队员，我们应该从小事做起，感怀先烈，勇于担当。我制作了清明节专题活动微课，组织全中队开展网上祭英烈活动。"桃花红雨英雄血，碧海丹霞志士心。"云缅怀烈士，铭记历史，致敬英雄。轻点鼠标，对英烈献上最崇高的敬意。轻敲键盘，留言寄哀思，用指尖触摸对爱国英雄们的思念。除此以外，我组织中队在学习生活中开展"小榜样"活动。从身边的好人好事出发，班级制作小榜样记录册，结合中队评价机制，对学生日常的好人好事行为进行记录，每周五主题队会时间进行本周小榜样的表扬并颁发榜样勋章，以此鼓励队员关爱同学，积极向上，不负新时代少先队员的使命。

以上流程结束后在一系列规范的队的仪式后结束了本次活动。

【班会评价及总结】

通过本次"学党史、感党恩，祭英烈、勇担当"的活动，队员们自主学习并汇报了可亲可敬可爱的党史，讲述并感悟了戍边英雄的爱国故事，通过云缅怀的活动寄托了自己对英雄烈士的哀思。除此以外，中队小榜样活动的开始更是积极地促进大家向上向好，明白自己作为新时代少先队员应该有的担当。从小事出发，星火虽弱，聚可燎原；种子虽小，成长可参天。作为新时代的少先队工作者，我将时时叩问初心，处处践行使命，传承红色基因，培育时代新人！

案例二："交朋友"心理健康团辅班会

现代社会的和谐，更注重的是心理健康，小学生交朋友，实际上就是构建一种和谐的思维与心理。

【班会目标】

1. 培养交往意识，学会主动交往。
2. 懂得交朋友时要主动大方，有礼貌，多了解朋友。
3. 学会朋友间相互帮助、相互欣赏，多交友。

【班会内容】

小学生人际交往心理辅导。

【班会形式】

游戏、唱歌、舞蹈。

【班会准备】

电脑课件、游戏道具（眼罩、贴纸、纸条等）。

【班会过程】

（一）热身活动

步骤：

1. 播放歌曲《幸福拍手歌》（多媒体），学生跟着节奏互动。
2. 感悟：和这么多同学朋友在一起唱歌、跳舞、做游戏，你的心情怎么样？（学生发言，突出快乐的心情）

你和好朋友见面时，一般会有怎样的动作？（握手、拥抱、拍手等）

（二）引发问题

活动一：猜一猜

讲解规则：（多媒体）

活动规则：全体同学闭上眼睛，其中一个坐在座位上，大声叫2次好朋友的名字；被叫的人猜一猜他是谁。

活动小结：看来，同学们对自己的好朋友已经有了一些了解。

活动二：你对朋友知多少

活动规则：请你根据下列内容向大家介绍一下你的一个好朋友，不知道的内容请告诉我们"不知道";（指名2组）被介绍的同学，如果朋友说对了，请点头，说得不对，请"×"（手势）。

我的好朋友叫（   ），今年（   ）岁，他（她）的生日是（   ），他（她）喜欢看的电视节目有（   ），他（她）喜欢看的书是（   ），他（她）家的联系电话是（   ）。

我的好朋友叫（   ），今年（   ）岁，他（她）的生日是（   ），他（她）最喜欢的颜色是（   ），他（她）喜欢吃的东西有（   ），他（她）的家住在（   ）。

通过刚才这2组同学的回答，你们发现了什么？（好朋友也不是很了解）

小结：虽然，我们经常在一起，可是却在不经意间忽略了对朋友更多的了解。

活动三：

1. 你们愿意对朋友多一点了解吗？心动不如行动，我们现在就去问问自己的好朋友吧。

活动要求：好朋友之间互相问问对方的情况，比如：爱好、喜欢的颜色、书籍等；（学生活动时，教师指导，及时表扬动作快、完成好的学生并给予奖励。）

2. 通过刚才的了解，谁再来介绍你的好朋友？（请2对学生）

小结：看来，好朋友之间多一些了解，会让我们在一起生活得更融洽、更愉快。

活动四：独自探险（准备眼罩2个）

1. 有好朋友是件令人开心的事情，接下来，我们一起来玩一个有趣的游戏。

活动规则：请一个同学蒙上眼睛出来绕教室走一圈；当你遇到困难时，可以大声喊一个朋友的名字，向他求助。（先请一个学生睁着眼走一圈）

2. 谈感受：分别请被蒙的和扶的同学讲讲自己的感受（再请2组上台体验）。（体会朋友间要互相帮助、互相关心。）

交流：你以前帮助过朋友吗？你是怎么帮助的呢？

小结：其实，在我们的生活中，可能是你的一个鼓励的眼神，可能是你的一个微笑，还可能只是你一个简单的动作，都有可能使你的朋友感到无比的温暖。

活动五：夸夸他（她）

步骤：

1. 猜秘诀：其实，朋友间相处的秘诀还有很多，我这就有个小秘诀，能帮你交到更多的朋友，谁想看看？（请五六位学生围成一圈，中间站一名同学，看了纸条后夸夸中间的同学，其他的同学猜猜这个秘诀是什么？）(提示要真诚)

2. "夸夸他（她）"

活动规则：请找找同学的优点，悄悄告诉他（她）；

活动后，请把别人夸你什么，你心里的感受告诉大家。

小结：大家说得真好，学会发现别人的优点，真诚地夸奖他（她），会让朋友拥有更多的自信，还会让我们了解、结交更多的朋友。

活动六：蝴蝶抱

1. 我们每一个人都有自己的好朋友，我们的朋友让我们不会孤单，带给我们快乐，还教会我们爱学习、爱劳动、乐于助人……

2. 蝴蝶抱：学生拥抱自己、拥抱朋友、拥抱老师，感恩朋友。

3. 交友誓言：全班起立做宣誓姿势，大声说出交友誓言。

带着一颗真诚的心，
结交最纯洁的友谊。
朋友间互相帮助、互相勉励、
共同进步，珍惜这份美好的感情！

（三）活动结束

我们的课就要结束了，大家学会了交朋友要真诚，相信我们一定会有更多的朋友。

师：全班闭上眼睛冥想，感受带着一颗感恩的心，去体会生命中遇到的每一份友谊，让学生静静体会、感恩朋友之情。

感　恩

感谢生命中的朋友
感谢朋友们的帮助
有你，我更加自信和快乐
我们要珍惜每一份友谊

第二节　社会价值观主题的主题班会设计案例与分析

案例一："团结合作的正面力量"主题班会

【班会背景】

合作是学生进行良好的人际交往所必须具备的心理品质，而目前部分学生扭曲了对团结合作的理解，在学习和生活等多层面中表现出小团体，误解团结合作的意义，从而给自己、给同学都招致麻烦。因此，培养学生的团结合作意识，增强团结合作能力，并且懂得团结合作的真正目的，显得非常必要。

在这节只有 20 分钟的微班会中，力求发挥教师的积极作用，利用设置好的活动，引导学生学习探究，在活动中学会合作，了解合作的目的与意义。

【班会目标】

1. 指导学生学习与他人合作的方法，培养学生的团队精神。

2. 让学生了解合作一般应有的正确态度和方法，懂得团结合作的目的和意义。

【班会准备】

1. 资料：《团结的力量》的动画片，制作《团结合作的正面力量》课件。

2. 学生活动的有关材料：线槽 36 根，乒乓球 9 个，带洞胶碟 9 个，小黑板 9 块，粉笔若干，凳子 9 张等。

3. 环境：4 名学生围坐成一个小组。

【班会过程】

1. 视频导入（4分钟）

（1）观看视频

《团结就是力量》内容梗概：三个卡通片段，分别是企鹅、蚂蚁、螃蟹通过团结合作的方式战胜了鲨鱼、食蚁兽、大鸟的攻击，从而保全自己和同伴的故事。以此来教育学生，团结合作的力量大。

（2）视频思考

抛出两个问题让学生思考：

① 你从这个视频中感受到什么？

② 对于社会团伙拉帮结派、欺凌、勒索收保护费等行为，或者"兄弟"要支援，不分青红皂白去"帮忙"，你怎么看？

（3）班主任总结动画的内容。

① 一个人的力量是有限的，需要团结协作。

② 团结合作所达到的成功，必须是阳光的、积极向上的，对我们的成长产生正面影响的，而不能违背社会道德更不能有违法犯罪行为。

2. 动手实践，感悟主题（14分钟）

（1）游戏：乒乓球运送

① 首先介绍游戏规则：4名学生为一个小组，每人领到一根线槽，每个学生使用接力的形式，只能用线槽把乒乓球运到自己组的带洞胶碟里面。

② 开展游戏：班主任讲明要求后，刚开始9个小组按照自己的思维方式去做，拿着线槽都在想怎样让自己运得最快，于是出现了各种各样的失误，如小组员撞到一块儿，或者突然没有人接乒乓球，又或者风太大而导致乒乓球落地，还有就是穿过胶碟的洞也很困难。第5组的组员发现，仅仅是个人的努力根本不可能把乒乓球运到洞里，没有相互合作就不能完成任务。后来各小组都想到了合作，组员们各抒己见合理安排，如何排好顺序，如何找人挡风，等等。各组最后都顺利完成了任务，把乒乓球运到胶碟里面。

③ 小组交流成功的原因：每组成员把自己组获得成功的原因用粉笔写在小黑板上，有的写速度，有的写技巧，有的写细心，有的写镇定，而团结合作则是赫然出现在每一块小黑板上。

（2）游戏：坐地起身

① 首先介绍游戏规则：开始是4个人为一组，围坐成一圈，背对背，手挽手地坐在地上。听到开始命令后，在不使用手的情况下，依靠队员相互的背部支撑力量，撑地站起来，然后逐渐增加人数。

② 开展游戏：刚开始4个人各小组都是轻而易举就完成了，都很快站了起

来。增加人数到6人，组员们还是很容易完成了任务。增加到8人时，有些组员身体不听使唤比较困难了，出现了埋怨的负能量，最后还是勉强撑了起来。到10个人时，完成的难度很大，但是大家及时调整自己的心态与动作，失败了不气馁，总结经验重新来过。大家的力气都往一处使，最后终于几个小组都站了起来。

③ 小组交流成功的原因：每组成员经过讨论之后，把自己组获得成功的原因用粉笔写在小黑板上，有的写沉着冷静，有的写坚持到底，有的写专心致志，有的写个人力量的重要性，同样的，"团结""合作"等字眼都出现在每一组的黑板上。因为没有同学的支撑，在不使用双手的情况下，是不可能站起来的。

3. 总结课堂，升华情感（2分钟）

"乒乓球运送"和"坐地起身"都是团队合作型的游戏，强调团队合作能力，协作行动。从这两个游戏的规则可以看出，一个人的力量是不可能完成既定任务的，因为个人力量再大，也不可能自己拿线槽把乒乓球运到终点，也不可能带动整个队伍的体重站起来。

我们日常的学习生活并不是时时刻刻都以团队出现，更多时候我们独立思考、独立做作业，自己能做的事情独立完成。我们之所以要团结合作，是因为我们在遇到困难或者是难以独立完成的任务时，团结合作产生巨大的力量和智慧，是为了让我们去克服一切困难完成任务，是为了在学习和生活中，互相支持，尊重他人，虚心诚恳，积极主动协同他人处理好事务，从而达到共同目标，自己也在这个过程中获得成就。

【班会反思】

作为老生常谈的话题，"团结合作"的主题班会几乎是每位班主任的必修课。如何在20分钟的有限时间中达到既定的效果，还是要花点心思。在这个微班会中，老师所起的作用是创设一个合作的情境，让学生从视频、讨论和活动中认识合作，感受合作，体验合作，运用合作。而本节课还有一个重点是团结合作的"正面力量"，老师通过课件、活动引导和启发学生思考，加深学生对团结合作的认识，并合理科学地进行团结合作，发挥它的正能量。

【班会延伸】

这节班会课的最终目的是把活动收获应用到学习生活中，这样我们才可以使这些活动的收获持续地发挥作用。以本次班会课为起点，在接下来的半个月里我班将开展以团结合作为主题的系列活动，把这节课的正面力量运用到学习生活中，如：1.学习方面：建立竞争合作机制，督促小组合作学习，评选出每周小测表现优秀的小组；2.生活方面：班委会成立评选小组，组织全部投票选出生活管理最佳的宿舍和纪律管理最好的小组；3.互动：向兄弟班级介绍和交流团结合作的正面力量，让所有的同学都能在团结合作中感受正能量，也成为活动的受益者。

案例二："培育健康心灵，守护生命阳光"主题班会

【班会背景】

现在小学三年级的学生由于从小受父母宠爱，包办太多，在他们的生活当中索取的多，给予的少。虽然他们偶尔具有了分享与互助的意识，但体验不够深刻，同时也缺乏分享的技巧与方法。我班的孩子在与同龄人交往中，还存在着不能包容，不能谦让同学，遇到事情不能冷静地处理等现象。

【班会目标】

1. 通过活动，培养学生具有阳光积极的心态。

2. 在生活中学会尝试主动帮助与分享，加深平等互惠的友谊。

3. 在互助与分享的活动中，感受宽容、理解与爱的力量，懂得生命的意义在于付出，在于给予。

【班会准备】

PPT，小视频，绘本故事，游戏所用的红领巾及水果等。

【班会过程】

（一）活动热身初体验："爱的鼓励"

1. 游戏要求

全体起立。每位同学都举起双臂，掌心相对。听老师的口令击掌，一、二、一、二、一……（先慢后快）

2. 分享感受

听到这掌声，大家想到了什么，心情怎样？

教师小结：掌声给我们的感觉真好，掌声给我们传递了一种鼓励，一种力量，让我们在这种爱的鼓励中开始今天的班会课"让友谊温暖你我"。

（二）活动开启听故事："爱的熏陶"

1. 听儿童绘本故事《两棵树》，这是一本关于友谊、生命和爱的故事。

2. 解读"人"字。

在黑板上的生命之树的树干上粘贴一个大大的"人"字，一撇一捺，两笔写成。"人"唯有相互支撑，才能站得稳，得到平衡，来到人世间我们需要朋友。

（三）活动进行蒙眼取果："爱的体验"

1. 游戏规则

今天我们玩的游戏名字叫"蒙眼取果"。全班同学分成七组，各组分别选出一名同学参加游戏。这7位同学将被蒙上双眼，从教室最后边一起出发，要绕过路中间的障碍，安全到达教室的最前方以后，谁先拿到芒果，那组就胜利了。

2. 比赛开始

老师将参加游戏的小朋友的眼睛蒙上，并让他们在出发地点站好。待一切准备就绪，老师宣布比赛开始。

3. 谈感受

（1）找参加游戏的几个孩子谈谈他们做游戏时的心情和感受。

（2）小组讨论：有什么办法可以让这些同学快速安全地取到果子呢？

（3）按照讨论好的方案，刚才做游戏的同学在小组伙伴的帮助下，再进行一次游戏，然后分享感受。蒙着眼睛的小朋友谈一谈第二次游戏时心情怎样？跟第一次做时比较一下。

教师点评：一项任务，单靠我们自己的力量是很难完成的，如果能得到同伴的帮助，这就如虎添翼，会让我们顺利很多，所以亲爱的孩子们一定要珍惜同学间的友谊，学会互帮互助，让我们的生命打上爱的印迹。

（四）活动进行小品欣赏："爱的真谛"

同学们，给予别人帮助，给予别人爱可以带给我们快乐。但是生活中，有的人因为不懂得这个道理，发生了一些不开心的事情。下面让我们走进"心灵剧场"去瞧一瞧。

1. 下课了，一个孩子正在教室看书，这时一个同学在下课玩耍时不小心把他的书给碰掉了，两个人就此争吵了起来！

2. 讨论：这样做好不好，如何做才能更好呢？

3. 齐读《校园碰碰车》，学会解决方法。

校园是个游乐场，你我都是碰碰车。

你碰我来我碰你，我碰你来你碰我。

只要说声对不起，只要说声没关系。

相互宽容多快乐，相互谅解笑呵呵。

4. 倾听故事：《沙漠中的旅行者》，懂得遇事要冷静。

沙漠中的旅行者讲述的是：一对好朋友在沙漠里行走发生的不愉快并如何解决的故事。这个故事告诉我们朋友的相处伤害往往是无心的，帮助却是真心的；忘记那些无心的伤害，铭记那些对你真心帮助的朋友；你会发现这世上你有很多真心的朋友……

教师点评：在日常生活中，就算最要好的朋友也会有摩擦，那么如何化解这些小摩擦呢？就是要让爱住进我们的心里，朋友的爱是宽容、谅解、互让；是上课时，忘记带文具了，同桌递过来的笔；是下课时和同学们一起做游戏时的欢声笑语；是伤心时一起掉眼泪；是欢乐时一起傻笑。

（五）活动结束歌曲欣赏："爱的升华"

观看视频听歌曲《听我说谢谢你》，在轻松欢快的氛围中，孩子们纷纷走出自己的座位去感谢曾经帮助过自己的同学，或给他一个拥抱，或对他说声谢谢！

【班会总结】

孩子们：心中有爱——温暖朋友，眼中有泪——感恩朋友，口中有德——赞美朋友，老师希望大家都能敞开心扉，包容他人，以诚待人，用爱温暖你我他。

板书设计要求：简洁明了，展示逻辑。

【班会反思】

这节班会课，是由一个个小活动串起来的，活动与活动之间呈螺旋式上升的关系。每一个小活动的设计都尽量符合孩子们年龄和心理的特点，每个活动都尽量让更多的孩子参与进来。最让我感动的是，《校园碰碰车》那个小品，我只是给孩子提供了一个思路，里面所有的台词，都是孩子根据班里经常发生的情况，一点一点彩排出来的，演得特别真实，由此可见，孩子们的很多能力都是可以培养和挖掘的。

尽管孩子们都很喜欢"蒙眼取果"这个环节，我觉得由于我前面蒙眼这个环节考虑不足，导致浪费了很多时间，如果空间足够大些，这个活动还可以展示得更充分些。当然，要让学生真正学会和同学友爱相处，仅仅靠这一节班会课是远远不够的，后续还需要老师不断地跟进和指导，通过一次次的体验，让友爱住进他们的心田；让包容、谅解、互让成为他们交往活动中的自觉习惯。作为一名班主任，我会怀着对生命的敬畏和尊敬，坚持不断理性的思索，努力追寻教育的本真，秉承生命教育的意义，自觉践行生命、教育融合，致力于凸现生命的灵动、自由，让生命教育之美真正浸润学生心田。

第三节　个人价值观主题的主题班会设计案例与分析

案例一："红旗飘飘映我心"一年级爱国主题班会

【班会背景】

1. 大背景

社会主义核心价值观是中华文化的重要组成部分，习近平总书记提出践行社会主义核心价值观应该从娃娃抓起。爱国是社会主义核心价值观的重要内容，引导学生懂爱国、会爱国是学校和老师义不容辞的责任。

爱国主义教育是德育永恒的话题，班会课是德育的主阵地之一，是班主任针对班级情况对学生进行思想教育的一种有效方式。

2. 小背景

对于一年级的小学生，听过无数次爱国，却无法说清楚怎样才是爱国；知道一些英雄人物的爱国行为，却不知道自己跟爱国有什么关系。

爱国主题太大，孩子们太小，怎样把大大的国和小小的我联系在一起？我决定从孩子最熟悉的国旗入手。经过前期考察，我发现孩子们对国旗有模糊的认识，但是如果要谈论国旗的具体特征，或者将几个干扰因素放在一起时，绝大多数孩子就无法判断出哪一面是真正的国旗。还有，为什么国旗是红色的？国旗上的图案是什么意思？象征着什么？面对国旗，我们要如何做？

结合孩子们现阶段的发展特征，通过情景剧、小视频、擂台赛等形式，激发学生的好奇心和求知欲。最后，将爱国行动落实到学生日常学习和生活的每一件小事：热爱学习，就是爱国；尊敬师长，就是爱国；做好身边的每一件小事，就是爱国。

【班会目标】

1. 知识与技能：通过"五星红旗谜语""五星红旗介绍""国旗知识擂台赛"等认识国旗和了解国旗，能判断国旗的基本特征。

2. 过程与方法：通过"情景剧""模拟升旗场景"等强化敬国旗的行为，使学生自觉遵守升旗纪律，增强爱国主义意识。

3. 情感态度价值观：通过"我以小眼看祖国"的预学单分享，以及"我与祖国共成长"延学单的布置，让学生明白爱护国旗就是爱国。爱国不仅仅停留在课堂上，更存在于生活中的每一件小事，眼观国旗，心系祖国。增强学生为祖国的富强而勤奋学习的使命感与责任感。

【班会准备】

教师：

（1）制作多媒体课件。

（2）查阅国旗有关知识、升旗礼仪读本。

（3）准备《国旗知多少》等视频。

学生（一年级，非少先队员）：

"我以小眼看祖国"预学单。

【班会过程】

1. 谜语导入

师：同学们，上课之前，老师想要考考你们的判断力，看看咱们班谁有火眼金睛。准备好了吗？

生：准备好了！

（出示PPT，并读出谜语的内容）

长长方方红彤彤，
上面住了五颗星，
窜来窜往迎风飘，
敬她爱她记心中。

师：请问哪位同学猜到了？你是从哪里发现秘密的？

生1：国旗，因为她红彤彤。

生2：是五星红旗，因为有五颗星。

生3：红旗，因为有长长方方。

……

师：同学们真棒，火眼金睛这么快就找到了谜底。其实，谜底是由大家说的所有的特征综合起来才得到的。我们在平时处理问题的时候，也一定要注意考虑多种因素。

设计意图：引起学生的学习兴趣，让学生初步回忆、感知国旗的特征，为本节课的内容介绍做好铺垫，并引导学生思考问题要全面，不能以偏概全。

师：同学们，你们见过这个场景吗（PPT展示天安门升旗仪式）？你能说一说，还在哪里见过五星红旗？

生：操场上、幼儿园、升旗的时候、商场里……

师：正如同学们所说，在升国旗的时候，在奥运会的赛场上，在太空，在北极，甚至每逢重大节日的时候全国的大街小巷都挂满了国旗。

2. 我以慧眼识国旗

师：对国旗，你又知道多少呢？请观看视频《国旗知多少》，观看的过程中注意对颜色、形状、图案等内容的介绍，一会儿老师会有问题哦。

（1）播放《国旗知多少》视频

注意对颜色、形状、图案等内容的介绍，探寻国旗中的奥秘。

（2）国旗知识PK赛

以小组为单位进行PK，看哪个小组的小朋友更具慧眼。

① 五星红旗是什么颜色？什么形状？旗面上有什么？（长方形、红色、5个五角星）

② 五角星是什么颜色？为什么用黄色？（黄色；中国人是黄种人、黄色在红色上更好看）

③ 4颗小五角星各有一个尖角，正对着（　　）的中心点？（大五角星）

④ 中小学生多长时间举行一次升旗仪式？（一周/一个星期）

⑤ 下面哪一面是五星红旗？为什么？（第2个，中间是一个大五角星）

设计意图：考虑到小学生喜欢动画，对抽象的语言接受性比较弱，借助《国旗知多少》的动画，使学生系统认识、了解五星红旗的基本知识。然后通过国旗知识PK赛，激发学生的兴趣，让学生在竞赛中进一步巩固对五星红旗的认识。

3. 我以行动敬红旗

师：五星红旗是中华人民共和国国旗，是中华人民共和国的象征和标志。每一位中国人都应该尊重和爱护国旗。

现在我们对国旗已经有了一定的了解，老师这里还有一个视频，请认真观看视频并思考：小猴的做法有哪些问题？需要怎样改正？

（1）播放动物学校升旗短片，辨析对错

小猴的做法有哪些问题？需要怎样改正？

生1：不站在自己的位置上。

生2：跟同学说话。

生3：升旗的时候戴帽子。

生4：站得歪歪斜斜，唱歌的时候哼哼唧唧。

……

（2）升旗礼仪训练

师：小猴的这些行为都是不正确的，作为一名优秀的小学生，我们升国旗的时候应该如何做？（请生说一说）

师总结：

①脱帽。

②行注目礼，眼睛要始终望着国旗，目光随国旗冉冉升起。

③高唱国歌，不打闹谈笑。

④面向国旗，立正站好。不能东张西望，更不能来回走动。

（3）模拟升旗仪式

面向国旗，立正站好；

脱帽，行注目礼；

奏唱国歌。

设计意图：通过短片，让学生分析讨论，反思自我，得出升旗的正确做法，规范小学生升旗礼仪。

4. 我以红心爱祖国

（1）"我以小眼看祖国"预学单分享

如今，祖国日益强大，生活日益便捷。日常生活中总存在一些温暖的瞬间，让我们心生感动。请你找一找，画一画，说一说。（请爸爸妈妈帮忙做简单的记录或描述。）

小组交流；

班级分享；

教师总结：热爱学习就是爱国；尊老爱幼就是爱国；诚实守信就是爱国；爱岗敬业就是爱国……

设计意图：通过对身边事例的爱国观察和寻找，明白爱国不仅仅停留在课堂上，而是扎根在生活的方方面面。每个人只要做好身边的小事，就是爱国。

（2）"我与祖国共成长"延学单

眼观国旗，心系祖国。做好身边的小事，做好最棒的自己。

努力去做一些温暖的事情，然后在班级中分享，老师为你贴上金灿灿的小金星。班级按月评选月度之星。

根据学生的行为划分四个类别：劳动之星、友爱之星、文明之星、好学之星。

设计意图：从爱国出发，督促孩子做阳光、向善的好少年。

【板书设计】

红旗飘飘映我心

我以慧眼识国旗

我以行动敬红旗

我以红心爱祖国

这是一节以爱国为主题的主题班会，面对一年级的小朋友如何谈爱国？内容太深听不懂，环节太高大上了与学生的生活脱节。

活动设计没有陷入老生常谈，而是大胆从小事入手，从学生最熟悉的五星红旗入手，以点带面、层层递进，抽丝剥茧，让学生感受到好好学习就是爱国，尊老爱幼就是爱国，团结友爱就是爱国。

如今，祖国日益强大，生活日益便捷。日常生活中总存在一些温暖的瞬间，让我们心生感动。请你找一找，画一画，说一说。（请爸爸妈妈帮忙做简单的记录或描述。）

我以小眼看祖国

班级：　　　姓名：　　　学号：

我记录的时刻是：

劳动之星	
友爱之星	
好学之星	
文明之星	

我与祖国共成长

班级：　　　姓名：　　　学号：

眼观国旗，心系祖国。做好身边的小事，做好最棒的自己。

努力去做一些温暖的事情，然后在班级中分享，老师为你贴上金灿灿的小金星。班级按月评选月度之星。

劳动之星	
友爱之星	
好学之星	
文明之星	

案例二："小小红领巾浓浓爱国情"二年级爱国主题班会

【班会背景】

1. 大背景

在 2018 年全国教育大会上，习总书记强调："要在厚植爱国情怀上下功夫，让爱国主义精神在学生心中牢牢扎根。"习总书记还强调："要把红色资源利用好、把红色传统发扬好、把红色基因传承好。"为了践行习总书记思想，本次少先队活动利用乐从镇曾杰之烈士墓来展开。曾杰之烈士墓位于顺德区乐从街道小涌村旧小学东北侧，是当地重要的红色历史资源。东平小学十多年来坚持组织少先队员前去祭扫缅怀，也是东平小学爱国主义教育的重要资源。

2. 小背景

在疫情期间，各行各业人民用自己的行动诠释着这一代人的担当，用自己的行动传承红领巾精神。作为祖国新血液的二年级学生，入队后，并不珍惜红领巾，不知道红领巾的重要意义。对于爱国的理解较抽象，不知道作为小学生，也可以有爱国行为。为此，我设计了本节班会课，引导学生明白红领巾的意义，争做未来祖国优秀接班人。

【班会目标】

1. 通过了解乐从本土革命烈士曾杰之的伟大事迹，了解革命历史，学会在学习、生活中主动践行爱国行动，增强爱国情感和民族自信心。

2. 明白红领巾的意义，重视保护红领巾。

3. 通过分析烈士、父母的爱国情，理解爱国情。

4. 树立从小事做起、从身边事做起，为祖国繁荣发展而努力的爱国信念。

【班会准备】

教师：制作教具；课件；制作祭扫照片集；录制视频。

学生：收集了解曾杰之故事；采访家人的爱国行为。

【班会过程】

环节一：谈话引入主题

师：前几天我捡到一条红领巾，看，这就是那条红领巾。这条红领巾有什么问题呢？我们应该如何对待红领巾？

师：红领巾的意义是重大的，在一些重要场合，我们都会佩戴红领巾。比如东平小学每年清明节的烈士墓祭扫活动。请看。

学生观看东平小学祭扫曾杰之烈士墓的视频《十年祭扫，不忘历史》。

设计意图：从关于红领巾的谈话开始课堂，贴近孩子生活，易于引起孩子共鸣和学习的兴趣。祭扫曾杰之烈士墓的视频，展示东平小学十年坚持祭扫烈士墓的诚心，表现对爱国人士的崇敬，激发孩子内心的感动和积极参与爱国行列的欲望，为本节课的开展，做好了情感铺垫。

环节二：抗战时期爱国情

1. 讲述烈士故事，学习爱国精神

师：同学们，课前你们向家人了解了曾杰之的故事，谁来分享你了解到的故事？

同学分享汇报课前学习成果。

师：听完故事，你们想看看曾杰之长什么样子吗？先自己想象一下。

师：其实，曾杰之牺牲了，没有留下一张单人照。像曾杰之这样的革命烈士还有千千万万，他们为了我们的国家、民族付出了自己的鲜血和生命。同学们，想一想，曾杰之除了留下这座墓碑，他还为我们留下了什么？

学生思考并自由发表想法。

2. 聆听祭扫感悟，感受爱国力量

师：是呀，你们说的所有品质，都可以用两个字总结："爱国"！一位亲自参与祭扫活动的少先队员大姐姐就被这种爱国精神深深打动，让我们一起来听一听她的感想。

播放祭扫烈士墓学生代表的视频，学生观看。

师：小小的红领巾，饱含的是浓浓的爱国情！

设计意图："想看看曾杰之长什么样子吗？"引起孩子想看的欲望，然后提出"他却没有留下一张单人照"。一个转折，引起孩子的遗憾和惋惜，从而体会到爱国烈士为国家所做的贡献。从了解烈士故事，到参与祭扫活动大队委分享感言。一个承接，将远远的爱国行为，通过肩上的红领巾，连接到新一代人们的责任使命，再一次激发孩子传承爱国精神的责任使命。

环节三：和平年代爱国情

1. 采访爱国行动，看见爱国精神

师：和平年代的我们，又该如何发扬爱国精神呢？课前给大家布置了小任务，采访自己的家人有哪些爱国表现。有的家长还发来了采访视频。想看吗？

播放学生采访家长爱国表现的视频。

2. 挖掘爱国内涵，激发爱国热情

师：同学们，无论在疫情期间，还是在平常的工作中，你们的父母付出努力，爱岗敬业，就是爱国！让我们一起给他们点个赞！

设计意图：爱国行为并不是在战争年代才有，在和平年代，人们用不同的方式，表达着对祖国的爱。孩子们通过了解身边人的爱国行为，体会爱国其实没有想象中那么形而上，爱国人、爱国事其实就在身边；同时理解身边亲人的爱国行为，体贴他们，尊敬他们，并且向他们学习。

环节四：少先队员爱国情

1. 讨论爱国表现，树立爱国目标

师：作为小小少先队员，我们可以做哪些事情来爱国呢？请你在小组中交流讨论。

学生进行小组活动并汇报，师适时评价反馈。

2. 趣味互动游戏，内化爱国信念

师：我很开心听到你们想到这么多爱国行为，接下来奖励大家玩一个"爱国行为我判断"的小游戏。

师和学生一起游戏，互动练习。

设计意图：就算是小学生，也可以有自己的爱国表现。通过孩子小组讨论，分析总结我们可以做的爱国行为，为孩子们的正确行为指明方向。

环节五：总结提升，升华爱国情感

师：现在，带着你们对红领巾的新态度，让我们郑重而深情地向我们的国旗，敬一个队礼吧！

生：整理衣冠，抚摸审视红领巾，向国旗敬礼！

师：从大家刚才庄严肃穆的敬礼中，我感受到这小小的红领巾，饱含着浓浓的爱国情。让我们从今天开始，更加爱护我们胸前的红领巾，把我们的爱国情落实到我们的行动中！

设计意图：从战争年代，到和平年代，再到代表着未来的少先队员们，说明爱国之心无处不在，爱国之行无处无时不有。带着本节课的新感受，重新审视红领巾；带着对红领巾的新态度，向国旗敬礼，以又庄严又深情的形式，在孩子心底深深留下爱国的种子。

【班会点评】

该教学设计，具有两个创新：

1. 素材创新。本活动以本镇曾杰之的事迹为载体解读红领巾意义，以我校十年祭扫视频感受缅怀先烈的意义和红领巾饱含的浓浓爱国情。同时，让学生了解分析家人的爱国行为。所有爱国素材，都是从学生身边挖掘，让孩子明白爱国行为就在我们身边。

2. 活动形式创新。本活动以学生为主体。课前通过询问家人或网上查找资料，了解曾杰之的故事，然后课堂分享交流。又化身为小记者，采访自己的家人，分享他们的爱国行为。最后小组讨论学生可以做的爱国行为。整个过程，都是学生自学、互学，发挥主观能动性的过程，都是体现学生主体地位的过程。

案例三："祖国在我心中"三年级爱国主题班会

【班会主题】

我爱我的祖国

【班会对象】

小学三年级学生

【班会背景】

国强民才富，少年强则国强。爱国主义作为人的基本道德价值观和品质，必须从小培养，经过长期教育和熏陶，才能逐步形成。依据低年级小学生特点，限于他们对"祖国"的感受和理解，他们的爱国情感表现是十分具体和贴近生活的，我们爱国主义教育应该从他们的实际出发，以教师的组织为主导，以学生的参与为主体，开展有效的德育活动，进行爱国主义教育，让孩子们认识伟大的祖国，在童稚的心中种下爱国的种子，激发奋进向上的远大理想和情怀。

【班会策划】

1. 以"知—情—意—行"为线索，从"祖国知多少"出发，到"夸夸我的国"，再到"我爱我的国"，三个板块层层递进，让队员逐步形成爱国的品质。

2. 课前让学生去搜集资料，用自己的方式赞美祖国，引导他们关注祖国的大好河山、科技进步等，激发他们心中浓浓的爱国情。

3. 以身边的爱国者为榜样，激发学生民族自豪感，做到"爱国"从自身做起，从小事做起，从生活中每件小事的"小爱"延伸到"大爱"爱国，书写自己的爱国行为。最后通过合唱歌曲的活动，抒发心中的爱国情。

【班会准备】

学生搜集资料，以手抄报的形式赞美祖国。

【班会形式】

对话、观看视频、小组合作、队员课前准备分享等等。

【班会内容】

（1）加深对祖国的认识，在活动中小组分享赞美祖国。

（2）在日常生活中，作为新时代的接班人，可以做自己一些力所能及的爱国行为。

【班会过程】

（一）"祖国"知多少

活动一：猜地图游戏

1. 导入。师：同学们，上课之前我们先来猜一猜，这个是什么？（出示PPT）

（生：中国地图。）师：没错，这个像雄鸡一样的版图，就是我们祖国的地图。总面积约960万平方千米，可以用一个字来形容就是"大"。（引导学生说出）

2. 相反，作为小朋友的我们，作为小学生的我们，就是——小小的我，小小的我应该如何去爱大大的国呢？

3. 今天这节课，我们就一起来学习主题班会课——"我爱我的祖国"（板书，齐读课题）

活动二：知识问答（快问快答五题）

1. 师：那么你们对于大大的国，了解多少呢？老师准备了几道题目考考你们？看看谁举手又快又端正。

祖国母亲全称是什么？——中华人民共和国（答对的同学掌声鼓励！）

我国的国歌是什么——《义勇军进行曲》。

我国的国旗是什么？——五星红旗。

我国的首都在哪里？——北京。

我国有多少个民族？——56个，其中55个是少数民族。

2. 师总结：这些问题都难不倒你们，看来你们对祖国知道得真多！

设计意图：用"猜地图"的游戏导入，激发学生的学习兴趣，点燃学习热情；以"知识问答"的方式，让学生聚焦课堂，激活部分学生已有的知识，活跃思维，也让部分学生达到积累内化的目的，从而获得新知，加深对祖国的了解。

（二）夸夸我的"国"

活动三：看视频，谈感受

1. 师：我们的祖国不仅地大物博，而且繁荣强盛，下面我们来观看视频，并说说你看完之后的感受。

2. 播放视频。

师：你们看得真专注，谁能用一个关键词来说说你的感受？

生：骄傲、自豪、感动、开心、快乐。

师：那么，你们喜欢这个强大的祖国吗？（生齐答喜欢）你们热爱这个强大的祖国吗？（生齐答爱）

活动四：赞美我的"国"

师：在课前，老师已经布置了你们准备用自己的方式来赞美我们的祖国。谁来分享一下？

生1：我写了这样的一幅字献给伟大的祖国："祖国妈妈我爱您！"

师：你用一手漂亮的字打动了老师的心，真像一位小书法家！

生2：我画的是北京天安门，我爱北京天安门！

师：你用画笔描绘出了祖国的美丽！你真了不起！

（画国旗、牡丹花、家乡）

生3：我们唱一曲《我们的祖国是花园》，来表达我们对祖国的爱。

师：我们就是花园的花朵，太动听了！掌声送给你们。

（曲目：《长江长，黄河黄》《彩色的中国》）

生4：我为大家朗诵一首《祖国多么广大》，表达对祖国的爱。

师：你深情的朗诵令大家都陶醉了，刚刚我们都用了自己的方式去表达对祖国的热爱，那么到底如何爱才是最好最合适的呢？

设计意图：利用多媒体视频，让学生在视觉听觉上感知祖国的日益进步与强大，化抽象为具体，有效地吸引了学生的注意力，激发了学生的爱国热情。此时，将学生的作品呈现，赞美祖国，抒发自己对祖国的那一份爱。

（三）我爱我的"国"

活动五：发现爱国者

师：我们先一起来看看，在我们身边各行各业的爱国者吧！

（1）警察，不怕牺牲，维护治安，为人民服务，他是爱国者。

（2）代表中国参加奥运会并取得荣耀的运动员们，他们为国而战！为国争光！他们也是爱国者。

（3）社区里有许多志愿者，他们用自己的力量，利用自己空闲的时间去帮助人，他们也是爱国者。

（4）人民教师，教书育人，孜孜不倦地传授知识，他们是爱国者。

（5）医生，救死扶伤，与死神赛跑，抢救病人，他们也是爱国者。

……

师：看到我们身边的爱国者，你想对他们说些什么？

生：你们真了不起，真伟大。

师小结：正因为我们身边有这样一群爱国者，认真做好自己的工作，爱岗敬业，热爱祖国，我们的国家才会这样团结向上，这样繁荣昌盛！

活动六：成为爱国者

1. 师："那么"小小的我"到底应该如何去爱"大大的国"呢？请小组讨论一下，并把你的想法写在便利贴上。

爱祖国，我可以 _____。

（小组分享，四人小组，每人一句，最后一句一起说。）

生1：爱祖国，我可以遵守纪律。

生2：爱祖国，我可以保护环境。

生3：爱祖国，我可以多做好事。

生4：爱祖国，我可以珍惜粮食。

生齐说：爱国无大小，处处是爱国。

2. 请小组学生汇报。

3. 师总结：少年强则国强，少年智则国智，我们是祖国的未来和希望，今天我们以祖国为荣，明天祖国以我们为骄傲！爱国不是大人的事，更不是想着天天做大事，爱国是每个人最朴素的情感。从大家的谈论中让我看到了每个人心中对祖国的爱，这些爱汇总成一首歌。

4. 合唱《歌唱祖国》。

师总结：爱国情，强国志，报国行。老师期待每个人都能展开爱国的翅膀翱翔蓝天！希望这节课后同学们能够用自己的行动去爱国，回家后和爸爸妈妈分享今天的班会主题，同时听听他们的爱国故事。下课。

设计意图：从身边各行各业的爱国者出发，认识到认真做好自己的工作，爱岗敬业，就是爱国行为，从而进一步深化作为小学生做好自己该做的事情就是爱国的观念。通过小组讨论、小组分享的形式，总结力所能及的爱国行为，触动学生的情感。最后，以高歌一曲的形式，升华总结，呼吁学生用自己的行动去爱国。

案例四："我骄傲，我是中国人"四年级爱国主题班会

【班会背景】

1. 大背景

社会主义核心价值观，在个人层面的价值准则上，提出的第一个词是爱国。爱国主义教育是社会主义核心价值观的重要内容。爱国，自古至今都是中国社会始终强调的个人品格，也是中华民族标志性的集体精神。

2. 小背景

我校将社会主义核心价值观教育进行主题班会课的体系化设计，分学期、分年段，在全校推行。我们每一个人都曾经接受过爱国主义教育，但是爱国究竟体现在哪些方面，怎样去做才是爱国呢，却往往让人说不清楚。结合学生分不清楚怎样才是爱国的问题，四年级进行了爱国主题班会课设计。

【班会目标】

1.通过视频交流、爱国问题大比拼等方式，让学生认识爱国，了解爱国的内涵。

2.通过小组讨论，在讨论思辨中掌握爱国的方法。

3.通过爱国精神作用的介绍与思考，认识到在学习和生活中爱国的重要性。

【班会准备】

教师：制作课件，准备体现中国强大的照片。

学生：收集生活中爱国的事例和有关爱国的格言。

【班会过程】

板块一：视频导入，想一想，什么是爱国精神

师：同学们，老师最近看了一个名为"来世还做中国人"的视频，虽然很短，却让我难忘，你们想看一看吗？播放视频。

视频内容是一系列感人的历史故事：一位抗战英雄高声喊："为了胜利，向我开炮！"；一位老红军指着长征照片说，本来这些战士可以整体活着回来；一群解放军战士，救民于水灾、地震现场……一位革命前辈激动地说："不要看，咱们的双鬓，沾满了征途的冰霜，为了捍卫中国的前线，我们聚集着无穷的力量！"

问题设计：看完视频，大家觉得什么是爱国精神？哪些行为体现了爱国精神？

引入爱国话题。

问题设计：你们认为什么是爱国？你们在视频中看到了哪些热爱祖国的行为？

过渡：我们都热爱自己的祖国，可是你们对我们的祖国了解多少呢？下面我们来比一比谁对祖国了解得多。

设计意图：视频导入，可以引起学生强烈的视觉刺激与情感共鸣。通过思考什么是爱国精神，加深了学生对爱国行为的认识。

板块二：比一比，谁对祖国了解得多

爱国问题大比拼：

1. 我们祖国的全称是什么？（中华人民共和国）
2. 我们的国旗是什么？（五星红旗）
3. 我们的国歌是什么？（《义勇军进行曲》）
4. 世界上最长的城墙是什么？（中国的长城）
5. 世界上最大的广场是哪儿？（中国的北京天安门广场）
6. 我国第一大河是哪条？（长江）
7. 你知道有哪些歌颂我们祖国的诗歌呢？（《祖国颂》《我爱我的祖国》《祖国啊，祖国》……）

过渡：看来大家对这些爱国题目已经能够准确回答了。老师奖励大家每人一份小礼物——体现中国强大的照片。

设计意图：本环节设计爱国问答题，引出板块三需要的体现中国强大的照片。爱国问题的问答，强化了学生对爱国精神的认知，营造了我要爱国的氛围。

板块三：小组讨论，说中国成就

环节一：小组讨论祖国最让你骄傲的是哪一件事？哪些地方体现了中国的

强大。请同学们引用优秀诗文，与我们分享一下。

环节二：观看体现中国强大的视频。

中国的发展可以说是世界上独一无二的，快速的崛起具体体现在哪些方面？近日，联合国对全球的各个国家进行了一个排名，从多个方面对全球的发展进行了一个总结，在这次排名中得出了一个惊人的结论：中国获得了多个世界第一，在各个领域的发展都非常好……

环节三：小组合作，说中国成就。

过渡：中国如此强大，你们有没有想到用哪些方式歌颂我们伟大的祖国呢？

设计意图：本环节通过小组合作，说中国成就，强化学生对爱国精神的认知，营造了我要爱国的氛围。

板块四：诗朗诵，说给祖国妈妈的悄悄话

我们的祖国幅员辽阔，地大物博，是有着悠久历史的文明古国，是勤劳勇敢的龙的传人，在历史长河中谱写出一曲曲可歌可泣的篇章。作为中华民族的儿女，我们为有这样的祖国母亲而骄傲自豪。

面对我们伟大的祖国，怎能不豪情满怀！诗朗诵：《说给祖国妈妈的悄悄话》。

音乐背景，小组朗诵：《说给祖国妈妈的悄悄话》。

说给祖国妈妈的悄悄话

天天生活在您温暖的怀抱，我真想亲昵地叫您一声妈妈。

这是李少白爷爷写给祖国妈妈的悄悄话，短短的十几个字却饱含了我们中华儿女浓浓的敬爱之情。

我也有好多好多的悄悄话想说给您——祖国妈妈听。

祖国妈妈，今天是您六十大寿，举世瞩目。

千千万万的儿女们在北京相会，倾诉我们对您无限的爱慕之情。

您的爱，高大、巍峨；您的爱，慈祥、甜蜜。

您是群山，我们是森林，扎根在您身上，我们血肉相连。

您爱我们，爱得深沉，爱得实在。

您就像母亲用乳汁哺育孩子般，不惜用自己生命的涓涓细流去滋养干渴的树木，让我们长得枝繁叶茂。

祖国妈妈，您那双明亮的眼睛无时无刻不在关注着我们的成长，明眸中充满爱意，充满温暖，给我们安慰，给我们希望。

让我们由懦弱变坚强，由幼稚变成熟。

可是我永远忘不了您曾受过的屈辱，在那段黑暗的日子里，您浑身伤痕累累，衣裳破烂不堪，您流下了伤心的泪水。

滴滴血泪谱成了一曲英勇的凯歌，给我们力量，催我们奋进。带着您的爱意和温暖，我们向前冲杀。

胜利了！您笑了，笑得那么甜蜜，那么从容。

脸上的皱纹也舒展开来了，显得那么年轻，那么自信。

过渡： 同学们，中华文化是如此的丰厚博大，除了爱国的诗歌朗诵，你们还知道有哪些爱国名言与爱国诗句呢？

设计意图： 本环节通过小组诗歌朗诵，让学生通过优秀诗文感受中华文化的丰厚博大，为下面的环节做铺垫。

板块五：搜集爱国名言与爱国诗句，感受中华文化的丰厚博大

环节一： 示范展示爱国名言与爱国诗句，贴黑板。

人生自古谁无死，留取丹心照汗青。——文天祥

先天下之忧而忧，后天下之乐而乐。——范仲淹

天下兴亡，匹夫有责。——顾炎武

为中华之崛起而读书。——周恩来

环节二： 小组合作，搜集爱国名言与爱国诗句。

环节三： 小组合作，分享与展示搜集到的爱国名言与爱国诗句。

设计意图： 本环节通过爱国名言与爱国诗句的诵读，让学生再次感受中华文化的丰厚博大，为下面的环节做铺垫。

案例五："激少年梦扬爱国情"五年级爱国主题班会

【班会背景】

2020年伊始，中国暴发新型冠状病毒肺炎疫情，一个月内感染人数急速增长、武汉封城、各省市区启动重大突发公共卫生一级响应。在这场战"疫"中，各行各业，每一个人，众志成城。

【班会目标】

1. 了解当前新型冠状病毒引发的疫情形势。

2. 致敬抗疫中最美逆行者，感受全国上下一心抗疫的团结与信心。

3. 培养学生的家国情怀，增强爱国主义精神。

【班会准备】

教师：

1. 搜集相关视频、图片。

2. 制作PPT课件。

学生：

1. 了解疫情新闻事件、查找相关资料。

2. 爱国主题手抄报。

【班会过程】

板块一：关注——疫情严峻

亲爱的同学们，我们上课了！欢迎大家参加本次的班会课，我们班会课的主题是"激少年梦扬爱国情"。这节班会课非常特殊，我们之间隔着一道屏幕，这是为什么呢？原来都是因为它——新型冠状病毒。你对它的了解有多少呢？下面我们一起来看看这个视频吧。

1. 介绍新型冠状病毒（视频1《新型冠状病毒知识》）

通过视频，相信大家对新型冠状病毒有了更深刻的认识，它真是非常可恶的家伙！它让全国各地的人民处在水深火热之中，肺炎肆虐，严重威胁广大人民群众的生命健康安全。同学们，你们知道吗？2020年1月23日，武汉宣布封城，很快各省市区也立即启动重大突发公共卫生一级响应。短短半个月，感染人数急速增长，全国确诊36854例，疑似27657例，死亡805例，我们的中国地图都快变成黑红色的了！全国上下人心惶惶，忧心忡忡，武汉平常车水马龙繁华热闹的街道，那段日子空无一人……

2. 讲述新型冠状病毒引发的疫情形势

但就在这时候，有一群人，逆风而行，冲在前方，用自己的平凡之躯为我们筑起防护的铜墙铁壁。他们舍小家为大家，他们不眠不休，他们战斗在抗击疫情的最前线！你们知道他们是谁吗？

3. 引出最美逆行者

他们是新时代的先锋人物，他们是可亲可敬的白衣天使，他们是来自全国各地的最美逆行者！接下来，让我们一起回看抗疫前线那一幕幕充满爱的画面吧。

设计意图：通过视频、图片引入，让学生感受疫情的严峻，同时感受社会各界人员对这次疫情的重视与态度，让学生明白每一个人都有自己的责任。

板块二：团结——中华儿女共战疫情

1. 医护人员——最美逆行者（视频2《致敬疫情"逆行者"》）

在这群人当中，有一位84岁的老院士——钟南山。17年前，这位老院士奋斗在"抗非"的前线，为抗击"非典"立下了汗马功劳。17年后的今天，他临危受命，义不容辞搭上前往武汉的高铁，再次前往抗击疫情的最前线！

92岁的敖忠芳老医师，她说，医学的战士，死在战场上是死得其所，"我自己愿意来的，我承担这一切"。

同学们，这世上哪有什么岁月静好，只是因为有他们替我们负重前行。这世上哪有什么天生的英雄，只是因为人们需要，所以他们愿意牺牲自己成为英雄。让我们用一句话表达对他们的感激：谢谢您，最美的逆行者！

2. 普通老百姓——平凡人的不平凡（视频3《谢谢你，每一个平凡的中国人》）

还有这样的一群人，滴滴司机冯小波——铁锹开路，开车3天赶回武汉做志愿者；阿里采购员Cecilia（塞西莉亚）——从美国坐飞机到韩国，飞了半个地球只为给武汉采购口罩；小米客服员于春风——大年初一，送物资到雷神山医院……他们是千千万万的普通人，但他们却是平凡人中的不平凡者。让我们一起看看还有哪些不平凡的中国人。

设计意图：了解从医护人员到普通老百姓在疫情工作中做出突出贡献的人物故事，让学生深刻感悟责任的重要性，明白承担责任的重要性。

板块三：爱国——激少年梦，扬爱国情

爱国，医护人员冲在抗疫的第一线；爱国，普通老百姓义不容辞，默默奉献自己的一份力。爱国，我们小学生可以做什么呢？来，一起听听钟南山院士怎么说。（视频4《钟南山流泪了》）

同学们，你们听清楚了吗？抗疫爱国，我们小学生要……对！宅家！"宅"

在家里不乱跑就是我们小学生对爱国的最深情演绎。爱国就是爱护好自己，安排好自己的学习和生活，这也是一种责任与担当。

让学生自由发挥。

设计意图：引导学生感悟，爱国就是爱护好自己，安排好自己的学习和生活，这也是一种责任与担当。

板块四：总结升华

爱国不分大小，爱国不分贵贱，爱国可以是一句话，爱国更可以是一幅画。最后让我们再看一段温情的画面，说不定里面，正有你想诉说的语言……

1. 特别的爱送给特别可"爱"的人（视频5学生手抄报图片）

收集学生手抄报，制作爱心特辑，"一群人一条路，坚持一起走下去"，结束时排列出心形的图案。加音乐：《让爱传出去》。

2. 结束语

越是这样的危难时刻，越是能感知来自这个国家这个民族的力量；越是在无情的灾难面前，越是能感受"中国"这两个字带来的温暖与美好。

同学们，请全体起立！听音乐：《阳光总在风雨后》。

点燃中国速度，凝聚中国精神！

让爱传承，铸就伟大的祖国！

让我们一起高喊：

传承者，少年也！少年强，则国强！

武汉，加油！中国，加油！！中国少年，加油！！！

设计意图：通过吟诵名人名言和重温学生在疫情期间创作的手抄报，让学生感悟责任的意义所在，帮助学生收获勇担重担的责任意识。

案例六："拉钩，不许变！"四年级诚信主题班会

【班会背景】

四年级是儿童成长的一个关键期，是从低年级向高年级的过渡期，更是强化良好习惯和改变不良习惯的关键时期。心理学研究表明，四年级的小学生进入了交友的关键时期，同学之间的友谊变得更加重要，孩子们也更注重他人对自己的评价，以及自己在同伴中的威信和地位。《小学生日常行为规范》明确规定，"答应别人的事要努力做到，做不到时要表示歉意"。

反观此阶段儿童，对于"诚信"的理解还浮于理论，只知道"要诚信"，却没引起重视。因此，孩子们在相处中经常会因为缺少诚信意识而产生矛盾。例如，答应了给同学带牛奶却没有带，答应了妈妈要做什么却没做……细探原因，其实大部分学生本无意失信，造成失信现象的主要原因为"答应的事忘了做""答应的事做不到"及"答应的事不想做"。而面对这些失信行为，孩子们也并没有很好地解决，亦不知道如何解决，甚至不愿去面对。

子曰："言必信，行必果。"指说出的事一定要办到。诚信，可以提升人与人之间基本的信任。此次班会课，旨在帮助同学们发现身边的诚信问题，直面自身存在的诚信危机，意识到诚信的重要性。通过一系列活动感悟诚信的必要性，多种策略帮助学生树立并培养日常生活中的契约精神，提高自我约束力，提升责任感。

【班会目标】

1. 以"拉钩"的形式导入课程，结合课堂常规，初步了解"诚信"。

2. 视频探究，感悟"诚信"在交友过程中的重要性；群策群力，找寻"守信"小妙招；联系生活，大胆面对自己生活中的诚信小插曲，找到避免的好办法。

3. 创设情境，体会朋友间因"失信"产生的小分歧；对情境思辨，学会理解与包容。

4. 正面引导，传递诚信正能量，建立学生对社会公信力的信任。

【班会准备】

诚信卡，活动视频及音乐，课件，空白板贴若干，马克笔等。

【班会过程】

板块一：我是诚信小委员

1. 出示"课堂公约"。

（1）师读公约，明确课堂要求。

（2）音乐助手，帮助合作有序。

（3）听提示音，现场练习操作。

2. 引出课题。

（1）能做到吗？

（2）那，咱们拉钩！

板贴课题：拉钩，不许变！

（3）要说到做到哦！

设计意图：以拉钩的方式激发学生的学习兴趣，结合课堂约定与学生进行课前互动，兼顾课堂常规的基础上有效切入话题。合作音乐的助手引入，让课堂更具新鲜感，学生也会更有规则意识。

板块二：我是诚信小能手

活动一：失信原因来分类

1.介绍阿信。

（1）这是阿信，最近很苦恼，因为几次失信陷入了一场诚信危机。

（2）想知道为什么吗？看视频，找原因。

（3）找到原因用"×"手势示意。

2.视频寻因。

（1）答应帮同学交作业，却忘了。

阿信为什么失信？

（2）答应帮忙搬书，却搬不动。

阿信为什么失信？

（3）答应还球，却不想还。

阿信为什么失信？

3. 交流汇报。

（1）阿信为什么失信呢？

（2）原来是……

（3）请你帮我写，写好了贴在黑板上。

板贴预设：答应的事忘了做（黄色）。

答应的事做不到（蓝色）。

答应的事不想做（红色）。

4. 小结梳理。

（1）原来，阿信失信主要因为……有时候……甚至是……

5. 失信分类。

（1）拿出"诚信卡"，你身边的失信又是什么原因呢？

（2）按板贴颜色亮出失信（红黄蓝）牌。

（3）3，2，1，高举你的诊断结果。

活动二：失信问题可避免

过渡：原因找到了，怎么避免呢？

1. 避免失信的方法。

（1）学生交流。

（2）说得真好，请你来写"帮帮卡"。

（3）板贴展示。

（4）小结：原来，避免失信的方法有这么多呀！谢谢你们！

板贴预设：提醒，记纸上，设闹钟……

请人帮忙……

礼貌劝导……

2. 反思自身的失信。

（1）鼓励自我反思。（刚才老师问大家有没有失信过，你们还不好意思呢！现在我们有这么多好办法了，谁能勇敢地面对自己？）

（2）生反思，交流避免办法。

（3）你真勇敢，我要给你一个拥抱！

3. 小结：勇敢的孩子们，恭喜你们敢于直面自身的诚信小问题了，也相信你们可以避免大部分的失信了。

设计意图：视频探究，引领学生对阿信的诚信危机进行思考，感悟"守信"的重要性。学生回答，教师点拨后，再请学生书写板贴，教师进行梳理，真正的"生本课堂"。之后立刻实践，用三色灯对失信行为进行分类。最后寻找解决方案，帮助学生大胆面对自身可能存在的诚信问题，进而解决问题。

板块三：我是诚信小演员

过渡：有了大家的帮助和鼓励，阿信也不再苦恼了。这一天，阿信跟小诺约好去公园玩，可是……

板贴：阿信小诺（头像）

活动三：失信原因我知道

1. 播放下雨视频。

2. 提出质疑。

（1）阿信和小诺会去吗？

（2）你猜——嗯，有可能。

（3）每个小组就是一个小剧组，演一演，祝你们合作愉快！（小组合作音乐）

3. 小组合作演。

4. 生分组练习。（师找寻"秘密小组"，发任务卡。）

5. 分组演绎。

（1）哪一组先来？

（2）小组演绎，师整理结果。

6. 神秘小组。

（1）有一个小组跟你们演的都不一样，因为刚才，他们接到了我的神秘任务，想看吗？

（2）秘密小组表演。

（3）你们赞成谁？

活动四：失信与否辩论赛

1. 举行辩论赛。

（1）意见不一致？那咱们来场小小辩论赛？

（2）支持阿信的请站起来。选三位为代表。

（3）支持小诺的有多少？也选三位代表。

（4）还需要一名主持人，谁来？

2. 一分钟准备。

3. 两方辩论赛。

4. 教师点拨。

（1）虽然这次阿信还是失信了，却有这么多同学帮他说话。看来，你们都很理解阿信。

（2）谢谢你们！

板贴：理解。

5. 学会理解。

（1）对于曾经失信于你的人，你理解了吗？

（2）学生回顾。

（3）假如时光可以倒流，你想对失信于你的同学说什么呢？

6. 教师小结。

（1）无论朋友还是家人之间相处，难免会有失信情况。

（2）我们要说到做到，同时也要学会理解。

（3）因为理解，让诚信变得更有温度。

设计意图：用情景模拟剧场形成共情，感受朋友不得已的"失信"。情境创设，在小组合作的思考中寻找诚信里可能会发生的小小插曲。神秘小组进行演绎，将矛盾与冲突放大，引发辩论赛。通过对"阿信做得对不对"进行辩论，层层递进，感悟"理解"的必要性。用思辨的方式让学生学会将心比心，感受守信与理解的互补性。

板块四：我是诚信执行官

1. 感受诚信温暖。

（1）观看新闻。

（2）生猜结果。

（3）是这样吗？继续看。

（4）这个结果，满意吗？

（5）作为小公民，我们要融入社会，走进生活，遵守生活中的诚信公约。

2. 生活中的诚信。

（1）（音乐）我们在图书馆，自助借阅，自觉还书。

（2）在超市里，自觉排队，主动扫码买单。

（3）公交车上，开设了无人售票。

这一切，都方便了我们的生活。

3. 结语：同学们，约束即保障。诚信，会帮你赢得别人的尊重，会帮你拥有更多的"权益"。

4. 愿你们时时刻刻牢记诚信，能做到吗？咱们拉钩！

5. 送出"诚信章"。

设计意图：以"免费补给站"的新闻对学生正面引导，传递诚信正能量，建立学生对社会公信力的信任。发现生活中的诚信，感受诚信带来的温暖与便捷。用温馨的承诺留住易逝的友谊，唤起学生的守信意识，让课堂升温，让诚信烙印。

【板书设计】

诚信居中，围绕各种诚信规则与要求，简洁直观（如下图）。

拉钩，不许变！

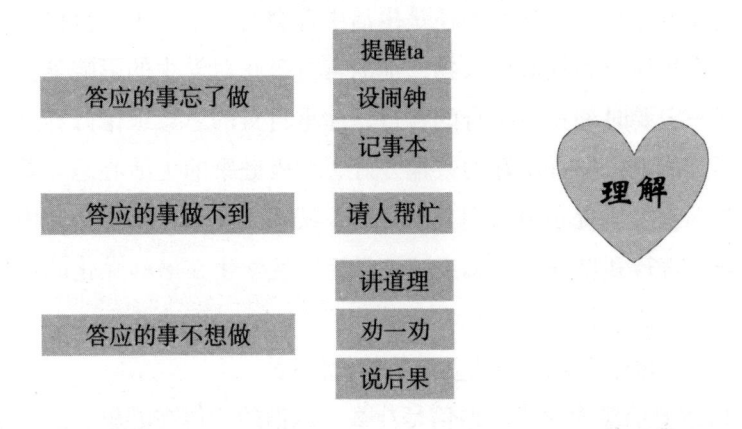

答应的事忘了做	提醒ta
	设闹钟
	记事本
答应的事做不到	请人帮忙
	讲道理
答应的事不想做	劝一劝
	说后果

理解

案例七："知行统一"诚信主题班会

【班会背景】

随着小学生自主意识的不断增强，说教式的班会课不仅得不到教育效果，而且越来越不受学生欢迎，这也是困扰很多班主任的问题。班会课是班主任进行班级管理的重要途径之一，也是学校德育的重要组成部分。对于自我概念不断形成的小学生，能够让他们有参与感的班会课才能调动学生的积极性，进而引导其思考和反思。体验式主题班会课的提出和实践弥补了说教式班会课的不足。体验式主题班会课主要以游戏活动为载体，以学生的体验和分享为主线进行设计，让学生从游戏活动中感悟并达到自我教育的效果。班会是班主任对学生进行思想教育的重要途径，主题班会运用得当有助于班主任工作的开展。通过主题班会班主任可以对学生的价值观念进行正确的引导，也可以培养学生对自身思想和行为的管理能力，培养学生主人翁意识。与此同时，通过主题班会的开展也能够解决班级中存在的种种问题，有效地开展班级活动。有效地开展主题班会，能够引导学生健康成长，形成良好的个人行为，积极向上的个人心态，提高自身修养。除此之外，主题班会的有效开展有利于班集体的建设，组织得当的班会能产生凝聚力，起到促进良好的班风建设的作用，形成一种优秀的班级文化氛围，从而使班级与个体更加优秀。

1. 通过主题班会提高学生诚信的有效途径

（1）提高班主任的诚信素养，以身作则，以良好的榜样引导学生

在教师教学的过程中，教师思想行为会对学生产生潜移默化的作用，教师个人的行为素养不管是在学习中还是生活中都会对学生产生示范作用，而班主任作为一个班集体里的权威性人物，他的言行举止对学生的影响就更重大。因此，班主任一定要时刻关注自身的言行，注重自身的思想道德修养，养成良好的人生观、价值观，拥有良好的兴趣爱好、积极健康的生活心态。要提高学生的诚信观念，班主任就必须做到言出必行，诚实守信。在教学活动中，用自己的道德修养、言行和良好的心态去感染学生，使学生在潜移默化的过程中提高个人修养，学会诚信做人。

（2）开展主题班会为学生树立诚信的价值观

① 诚信素养的概念解读。诚信是什么，诚信的价值在哪里，这些基本的概念都是需要通过主题班会进行深刻解读与剖析的，对于小学阶段的学生而言，在他们的认知水平中，对诚信的理解应该是较浅显的。教师有必要通过教学活动对诚信的概念进行深入的解读，以加深学生对诚信的理解，便于学生对诚信素养的全面践行。通过主题班会对诚信思想的解读，使学生更加深刻地理解什么是诚信，在生活中该如何践行诚信观念，以及诚信对我们自身发展的重要性。

② 学生现状分析。对学生诚信素养的培育，在了解什么是诚信的基础上，需要结合学生自身现状，分析目前所存在的主要问题，以便其更好地理解何为诚信和改正自身的不当之处。就学生的实际情况而言，是存在严重的诚信缺失的问题的，当然这也是学生个人素养较低的一个重要体现。在日常的教学活动中，学生诚信缺失的现象频频出现。比如：犯错之后从来不会主动承认，面对老师的责问拒不认错；回答问题时，信口开河，谎话连篇；盗窃现象同样存在，这是很多班级所存在的普遍现象。由此可见，学生的个人素养有待提高，诚信素养的培养仍十分必要。

③ 思想引导与实践活动相结合。学生诚信素养的培养作为思想道德教育的重要组成部分。成功的思想道德教育能够使学生将教育内容转化为自身的认知，并将其应用于生活中，思想道德教育的最终目的是学生在实践中能表现出良好的道德素养，所以，诚信教育必须得注重理论和实践相结合。作为班主任，对学生的诚信素养的培养不能只依靠课堂上的理论知识的说教，要使学生学会在与同学、老师、家长、朋友的交往中将诚信理念付诸行动，真正将所学知识转化为自身的内在品质。所以，对于诚信观念的树立，教师需要积极组织实践活动，不断督促，促使学生改掉学习中存在的不良习惯。

3. 诚信素养对学生的重要性

首先，小学阶段是学生行为习惯养成的重要阶段，作为班主任一定要把握学生教育的关键时期，主题班会作为一个班的班级文化建设和班风培养的重要途径，班主任应充分发挥主题班会的作用，对学生的行为习惯进行养成教育，培养学生的诚信观念，让他们懂得做人的基本准则，这些良好的行为习惯的养成能够让其终身受益。

其次，诚信是中华民族的传统美德，是学生做人的基础，成才的基础，也是建立和睦友好的班集体的前提。诚信观念的培养，良好的行为习惯的形成会对学生的学习成绩产生积极的连带作用。归根结底，学生自身知识的增长、综合素养的提高是学生到学校学习的最终目的。所以，教师所有工作的最终目标就是学生自身的进步与发展。通过学生诚信素养的提高，提高学生个人的整体修养，改善班级整体文化氛围，形成良好的班风，能够促使学生的个体和班级整体的共同进步。

【班会设计】

随着信息化发展，流行网络虚拟世界、社会上骗局等现象越来越普遍，小学生的价值观也深受影响，并发生了一系列足以让我们警醒的变化，因此对学生进行诚信教育就显得尤其重要。本节课以社会主义核心价值观中的诚信作为切入点，通过游戏、分享感受、讨论等方式，引导学生更深入地认识诚信及其重要性。

【班会目标】

本节班会课要达到的目标如下：

1.学生能明确诚信的含义及其重要性。

2. 学生能深入认识不诚信对自己和他人带来的不良影响。

3. 通过游戏体验、分享讨论，学生能深化自身的诚信认识，并能下决心将诚信行为落实到日常生活中，锤炼诚信品格。

【班会准备】

将学生进行分组，四人一组，最好结合学生性格特征进行分组，以便能达到更好的合作效果。提前进行活动现场的布置，并根据需要编排座位和活动位置。对于活动过程中可能遇到的突发事件进行预测，想好预案。

【班会过程】

环节一：问题导入

同学们是否有过购物被骗经历？

以学生熟悉的话题引发学生思考，为后续的情境设计做铺垫。

环节二：体验式购物之旅——盲人与导航仪

形式：学生四人一组，一人扮演盲人，其他扮演导航仪。为盲人导航，将盲人从起点送到终点。注意：导航仪只能提供语言指引。

分享感悟：学生进行游戏体验，蒙眼经过重重障碍时，依靠的是诚信和对彼此的信任。此活动体验让学生领会诚信能赢得他人的信任。

环节三：体验式购物之旅——推销员

形式：三位学生扮演推销员，依次描述即将上市的产品（三位推销员手中各持有一文件夹，只有一人的文件夹中有真实的产品介绍，其他为空白）。每轮描述后，其他同学可发问。最后进行投票。

分享感悟：学生在扮演推销员编造谎言之后，引导学生进行体验感受。学生反馈说谎并不是一件容易的事，一个谎言要靠无数个谎言来掩盖。同时也引导学生思考不诚信的后果，学生反思并得出结论，不诚信将失去他人的信任和尊重，实际是因小失大。

环节四：自我反思

回归学生的学习生活，让学生通过填写自查表，对自查表上已做到的行为打钩。这一步骤引导学生反思生活中的自己是否是一个诚信的人。

环节五：观看视频与讨论

播放视频（学生自主拍摄，事例贴近实际），引导学生思考找出其中的不诚信行为。让学生通过对身边熟悉的事例进行谈论和反思，明白将诚信行为落实到实际中的重要性。

环节六：自我反思与改进

引导学生通过反思，将自查表中未做到的，但自己认为可努力做到的找出来。

【班会评价】

班会课后一定要落实评价，跟踪教育，以检验班会课的实施效果。本节班会课后，笔者要求学生观察班里同学的行为表现，搜集班里同学的诚信事例写于周记本上。另外，下一阶段笔者也将让学生进行投票评选出班级"诚信之星"。

【班会反思】

本节体验式主题班会课以诚信为主题，其设计基于小学阶段学生所处社会环境和年龄特征而定，符合其道德修养和人格发展的规律。游戏活动设计尽量考虑到所有学生参与其中，以学生为中心，提高学生的参与度，以免部分学生游离于课堂之外。体验式主题班会课强调学生的体验和分享，其中分享环节是精髓，是引导学生进行自我感悟和教育的重要步骤。在本节课的两个游戏分享后，笔者设计的问题具有一定的预见性和导向性，能挖掘出学生真实的感受。

体验式主题班会课要达到实效也并非易事。体验式主题班会课强调从体验中感悟，以学生为主体，更能提升学生的参与度。让学生有所为、有所感、有所悟的体验式主题班会课值得研究者们进一步探究和实践。

第四节　融合型价值观主题的主题班会设计案例与分析

小学生党史教育在内容安排上应具有适切性，基于小学不同学段学生的知识基础、认知特点、学习兴趣等设计相应的教育内容、学习要求和呈现方式。目前，小学生党史教育大部分都是在围绕历史知识、传承革命精神和传统文化等方面开展，教材之外的文字资源多是历史著作、理论著作，难以吸引小学生的学习兴趣，也很容易在教育过程中出现就党史讲党史、缺少方法论指导、与新时代脱节等问题。尤其对于低年龄段学生而言，党史的背景与他们的现实生活差距大，不容易产生共鸣。让小学生爱学党史，首先，要讲好党史故事。要避免干巴巴的文字灌输，应当站在学生的视角，用鲜活的人物形象和事迹描述为他们建立起生动的历史情境，触动学生内心，激发他们联系自我，展望未来。在教学资源方面，党史教育材料必须经过严格把关，任何歪曲历史、片面反映事实的文字和戏说党史的影视剧素材都要避免进入课堂。教师可以在中央党史和文献研究院网站、人民网、学习强国等官方渠道，选取学生感兴趣的党史故事素材，例如"党史1000问"，《百炼成钢：中国共产党的100年》微纪录片等。其次，要学好党史，光讲故事还不够。习近平总书记强调："要防止肤浅化和碎片化，学党史讲党史不能停留在讲故事、听故事层面。"对于小学生而言，一定要把党史教育和学生的日常学习、生活、思想实际结合在一起，把深刻道理讲得生动鲜活，给党史学习增添一些亲切感，让学生听起来兴味盎然，学有所用且深有所悟。最后，好内容更需要好的"打开"方式。可以从《平"语"近人——习近平总书记用典》《典籍里的中国》等优秀电视节目中借鉴经验，设计"经典诵读""微话剧"等表演形式，让学生身临其境，感受革命烈士的英勇无畏，体会红军将士长征路上"半条被子"的艰辛苦难，见证毛主席在天安门向世界宣告中华人民共和国成立的豪迈情怀，使学生与历史人物近距离"对话"，体会新时代中国的巨变，让党史教育"活"起来。

革命历史教育既要注重历史事实的呈现，也要以历史为载体教育人用科学理论武装头脑，帮助学生认清历史主线、主流和本质，树立科学的历史观和正确的党史观。一是不断推进党史研究和党史学科建设，使研究成果丰富教育教学内容，支撑教育教学实践。加强小学教师队伍党史知识的培训，建设一支理论功底扎实、研究能力突出、有学术探索精神的教师队伍。"把过去的一切，用科学的方法重新加以整理和出版，这对于恢复国人对于中华民族的自信心，加深国人对于本国历史的认识是十分必要的。"小学生党史教育需要切实担负起历史教育的使命，使人认清自己所负的责任与为本国文化创造努力同时并进，坚决避免并彻底扭转学生论及外国文化历史则高谈雄辩、谈及本国文化历史则知之甚少的现象。二是透彻了解史料，以深厚理论基础为支撑，以科学的理论武装人。为获得更彻底的认同和更持久的生命力，革命历史教育教学必须坚持科学性与价值性的统一。中国共产党人的革命精神有着深厚的理论根基。

案例一：东平小学2021年"童心向党"主题系列活动方案

我为七一唱首歌

唱出我对党深深的祝福

我为七一讲故事

说出我对党无限的热爱

我向七一敬个礼

道出我对您崇高的敬意

亲爱的共产党

祝您生日快乐！

【班会对象】

全体队员和辅导员、校外辅导员

【班会时间】

2021年3月—5月。

【班会内容】

围绕主题,各班组织开展红色系列教育活动:看红色电影、唱红色歌曲、讲红色故事、画七彩生活、展红色专栏。加深了解祖国的发展变化,回顾党的历史,感怀党的恩情。

三月篇章之一——**【千人共诵爱党心】**

为热烈庆祝党的百年华诞,重温红色记忆,传承红色基因,"献礼建党100周年"红色经典诵读活动,全校3000多名师生共同诵读《七律·长征》,用红色文化熏陶师生积极向上的人生追求。

时间:3月18日淘书节开幕式。

地点:东平小学操场。

参加学生:1—6年级全体师生。

微信推广:黎青青。

三月篇章之二——**【党的历史我知道】**

为了让学生在建党100周年之际更加了解党的历史,更加爱党,特邀陆军军事交通学院政治教研室副教授、原总后勤部优秀教员张艳萍教授给我们带来一节生动有趣的党史课"红军长征历经的千难万险"。

1. 时间:3月18日14:30—15:30。

2. 地点:东平小学报告厅。

3. 参加学生:四年级全体师生。

4. 报道稿撰写:四年级(唐志梁安排)。

5. 微信推广:黎青青。

四月篇章之一——**【我向党旗敬个礼】**

1. 利用国旗下讲话,向全体师生现场讲授党旗的含义,介绍党的光辉历史,并勉励学生在党的关怀下好好学习,做新时代的追梦人。

2. 全体少先队员面向党旗行队礼,高声呼号,许下"从小学党史,永远跟党走"的庄严承诺,表达了"听党话、知党恩、跟党走"的坚定决心,畅想了"童心向党,快乐成长"的美好愿景。

3. 宣誓后,进行每班"我与党旗合影"活动,师生们依偎在党旗的身边,绽放出党的儿女特有的笑颜。

4. 时间:4月12日(8周一)升旗礼。

5. 地点：东平小学操场。

6. 参加学生：1—6年级全体师生。

7. 报道稿撰写：三年级（李丽明安排）。

8. 微信推广：黎青青。

四月篇章之二——【唱支红歌给党听】

站起来，富起来，强起来，古老而年轻的中华民族迎来了走向伟大复兴的万千气象。我们是共产主义接班人，在我们心中，始终有一首红歌，一首走向复兴的红歌。队员们齐声高唱《我们是共产主义接班人》《红星闪闪》等红色歌曲，坚定着听党的话的决心，坚定着跟党走的信心。

1. 利用课间时间，播放红色歌曲。

2. 音乐课上学习红歌。

3. 分年级进行红歌比赛。比赛曲目为：固定曲目《我们是共产主义接班人》，自选一首其他红歌。

4. 时间：4月6日（7周二）、13日（8周二）、20日（9周二）班队课。

5. 地点：音乐室、报告厅。

6. 参加学生：1—6年级全体师生。

7. 报道稿撰写：二年级（蓝丽君安排）。

8. 微信推广：黎青青。

五月篇章之一——【党的光辉照我心】

"看红色电影，忆峥嵘岁月"活动，目的在于通过革命历史题材影片的形式再现历史，催人奋进、发人深省、给人启迪，弘扬社会主义核心价值体系。同时这也是对学生进行思想政治教育的有效载体。东平小学将组织学生观看红色革命故事或改革开放题材的影视作品，在回顾党的光辉历程的同时，深化革命传统教育，激发爱国主义热情。

1. 播放影片：《闪闪的红星》《建党伟业》《八月一日》《五星红旗》。

2. 时间安排：5月4日（11周二）、11日（12周二）、18日（13周二）班队课。

3. 拍照：各班班主任、配班。

4. 报道稿撰写：一年级（何绮华安排）。

5. 微信推广：黎青青。

五月篇章之二——【不忘初心跟党走】

队员们可以从不同的视角出发，尽情发挥想象力和创造力，赞美祖国秀丽风光、大好河山，特别提倡反映家庭、社区和校园文化生活，展示城市、农村风貌，讴歌校园文明新风，倡导爱护自然环境的手抄报、摄影展作品。

1. 每个班级选出 3 份优秀作品上交年级组；每个年级选出 10 份优秀作品上交到学校德育处。

2. 上交的作品评出一等奖、二等奖、三等奖，并进行奖励。评选的作品进行统一展示。

3. 作品上交时间：5 月 10 日。

4. 作品展出：5 月 17 日。

5. 报道稿撰写：五年级（郭穗华安排）。

6. 微信推广：黎青青。

五月篇章之三——【党的故事我来讲】

1. 每周一通过国旗下讲话，让优秀少先队员宣讲革命英烈红色故事，讲述当代英模事迹，对全体队员进行爱国主义、爱党教育。在鲜活故事中感悟党的初心使命，不断增进爱党之情。

2. 每周安排校内外辅导员以及优秀队员录制《党的小故事》，上传至学校微信公众号。

3. 具体安排表如下：

每周一升旗仪式革命英烈红色故事安排

时间	辅导员	时间	辅导员
8周一	邹李睿	14周一	陈美亦
9周一	曾涵诺	15周一	何璧君
10周一	殷梓涵	16周一	岑海纳
11周一	余凯溪	17周一	余凯溪
12周一	何敏滢	18周一	曾涵诺
13周一	杜佳濂	19周一	邹李睿

每周《党的小故事》录制安排

时间	年级	时间	年级
8周	六年级	14周	六年级
9周	五年级	15周	五年级
10周	四年级	16周	四年级
11周	三年级	17周	三年级
12周	二年级	18周	二年级
13周	一年级	19周	一年级

4. 稿件提供：德育处刘菲菲。

5.《党的小故事》提前一周录制，每年级找4名少先队员以及1名辅导员（校外辅导员）录制音频，级长统一在前一周的周日前发给刘菲菲收集。

6. 微信推广：黎青青。

佛山市东平小学大队部
2021年3月29日

案例二：东平小学2021学年庆祝少先队建队72周年主题队日活动

少先队员真光荣
胸前佩戴红领巾
党的话语记心中
勤奋学习求上进
团结友爱品德优
强健体魄成栋梁

有一种颜色，是心中永不褪色的，那就是胸前飘扬的红领巾的颜色。当庆祝中华人民共和国成立72周年的喜悦还洋溢在脸上，我们迎来了自己的节日——中国少年先锋队建队 72 周年。东平小学的少先队员们，用最真诚最朴质的方式度过了一个欢乐又有意义的节日。

【"请党放心强国有我"主题升旗仪式】

利用周一升旗仪式预热建队日活动，通过一年级老师国旗下讲话，广泛开展少先队员荣耀感教育，让队员们深切感受到自己是少先队的主人，珍爱红领巾，热爱少先队，引导少先队员以自己是少先队员而自豪，愿意为红领巾添荣耀。

一年级周婷老师国旗下讲话
——《少先队，我为你自豪！》

【"我心中的红领巾"主题队会】

二至六年级各中队利用班队课举行建队日主题队会活动，主题"我心中的红领巾"，各中队辅导员和少先队员一起重温入队誓词，开展队情、队知识教育。

1. 再识少先队，争做好少年

中队活动开始，辅导员们带领队员回顾少先队知识，认真学习《中国少年先锋队章程》，达到"六知""六会"和"一做"。

2. 回顾队礼仪，表达崇敬之情

我们是共产主义的接班人，我们爱祖国、爱人民，不怕困难，热爱学习。红领巾是国旗的一角，红色是革命鲜血染成的，所以我们在佩戴红领巾的时候应该严肃、标准和规范，让这鲜艳的红领巾迸发出我们少先队员的精神和力量。

3. 庄严宣誓，热爱祖国

我们每一位少先队员都应该庄严宣誓："我们热爱中国共产党，热爱祖国，热爱人民，好好学习，好好锻炼，准备着：为共产主义事业贡献力量！"

【"请党放心强国有我"——我向队旗敬个礼】

"我向队旗敬个礼"是一项强化队员组织道德观念的常规性制度,它能使队员们走进校门时知道自己是一名荣耀的少先队员,自觉遵守队组织的纪律,自觉效劳,为队旗添荣耀,从而培养学生的荣耀感和责任感。

【"请党放心强国有我"一年级队前仪式培训】

通过队前培训,增强一年级同学们的集体荣誉感和责任感,更加强了他们想要入队的决心。能够牢记"六知、六会、一做"的内容,时刻以一名少先队员的标准要求自己,努力成为一名优秀的少先队员。培训后,同学们将在班级进行"传承章"争章活动,积极向少先队组织靠拢。

德育处刘菲菲副主任为一年级孩子上队前培训课

第四章
社会主义核心价值观主题班会的设计实施案例解读

学校少工委副主任朱庆发副校长为一年级孩子讲党史故事

我们是祖国的花朵，我们要努力学习，创造出更好的未来。要努力实现自己的梦想，只有把自己的梦想融入"中国梦"之中，一个个"小梦"才能汇成"大梦"，实现真正的中国梦。

红领巾的"红"好似一团火焰，燃烧着我们的心，使我们更加火热。我们要用这火热的心为祖国做贡献，让祖国更加美好，更加繁荣昌盛！

第五章

社会主义核心价值观主题班会设计实施之反思

社会主义核心价值观主题班会设计与实施过程，也须根据时代特色，选择合适的方式与内容，同时探索班会组织新路径，力求让社会主义核心价值观班会达到更好的育人效果。

第一节　社会主义核心价值观主题班会设计实施的时代新特征

一、微型主题班会新模式

（一）"微班会"的概念

随着"微时代"的不断发展，很多事情都要求精辟简捷、快速地表达观点，微型班会也应时而生。微班会便是信息化社会衍生的一种教学方法。主要是通过时间较短的视频带出主题。并通过创建各个单元节，实现点对点的教学，以积少成多的姿态形成质变。

关于微班会的概念界定，有不同的看法。一种是后扩展主题会议，会议以微型视频（不到10分钟）为主要媒介。它使用一个简短的视频清楚地提出主题风格以引起讨论，并使用"学习列表"来促进学生追踪主题风格并进行独立研究，最终达到主题班会的教学目标。用作图像材料的微视频具有突出的主题风格和独有的特征，促进了学生的自我学习和自我成长。这种界定就局限于以微视频为载体，由此引发的德育教育。另一种是全国班主任培训专家丁如许老师在《打造魅力微班会》的报告中提出，基于时代、网络、社会以及学生特点的变化孕育而生，以短、快、小、灵为特点的一种班会形式。

我认为微班会体现了"微"和"班会"的双重功能，它以"微"为引，充分调动学生的注意力，又以"课"为主要支撑，促进了班会的改革。

（二）小学微型主题班会出现的原因

小学微型主题班会是在班会的基础上的补充，是一个新型的班会模式，通过大约15分钟的时间便能开展一次班会活动，是目前阶段我们广大班主任经常会举办的班级各种教育主题班会活动的主要模式。小学微型主题班会有针对性的教育目的，正确地摆正自己的位置，解决学生平时生活学习成长路上的各种问题，能体现出教师的综合素质能力，也能够提高学生们的核心素养。展开小学微型班会能够让学生们提出自己的意见和想法，提高学生们的表达能力和沟通能力，还有同学之间互相合作的能力，对学生培养"社会主义核心价值观"的养成有着积极的作用。

对于小学微型班会的探索和实践是现在教师需要创新和发展的主题，还是学校培养学生"核心价值观"的新形势，培养学生的全面发展，是每一个老师和学校的发展目标。这便是小学微型主题班会出现的意义和作用。

1. 班主任工作呼唤微班会

在当前中国教育形势下，班主任并不具备专业知识，主教在班级管理和课堂道德教育的同时完成的教学任务十分复杂。学校有成千上万的工作线，所有这些工作线都属于高级老师的工作线。面对各种各样的复杂问题，这是班主任老师上好课的一项基本技能。由于准备时间长，运行时间长，投资大，传统的班级会议的主题经常表现出投资大、收入低的情况。微型班会依靠"短、快、小、灵"的特点，使班主任的投资少、利润大，具有很好的德育效果。

2. 主题班会学生主体缺失

班会的主题应坚持以学生行为为主体的核心概念，并在选择课堂主题和执行计划时充分注意学生的意图，以满足学生的要求。众所周知，实际课堂会议的主题基本上是由教学主任安排的，与会人员较少参与，无法真正融入主题课堂会议并参加主题课堂会议。在这个阶段，关于班级会议主题的科学研究很少，并且缺乏数据信息和实证研究支持。空谈和晦涩难懂是很容易的。班级会议主题的改革和创新不能被拖延。持续改进的基本理论被应用到班级会议主题的基本构建中。充分利用班级会议主题的教学作用。

（三）目前阶段小学微型主题班会的表现形式

1. 用表演来体验角色

小学生活泼好动不能认真地遵守学校的制度和规则，学生在教室里打闹，有的学生在上课时偷喝饮料，有的在上课的时候不尊重老师大声说话，不听从教师上课时的安排，随意在教室里走动，如果教师只通过一味的"说教"当面训斥学生们起到的作用比较小，可能还会让学生产生逆反的心理，可以合理地利用微型主题班会让学生来进行表演模拟在课堂上出现的各种问题和情况，让他们能自己实际体会并了解违反一些纪律要求会出现哪些严重的后果，来达到他们可以自己认识到自己的错误，让他们从自己的本心上想要做出改正，这样的效果比教师三番四次的说教起到的作用要大很多，在小学微型班会上用表演让学生更深刻地体会现实生活中的一些事情，这是能让学生改正自己错误并能严格按照规范的要求来要求自己的有效方法。使学生能更好地控制自己的言行举止，起到积极的作用。

2. 开展多样化的文学作品阅读活动

小学生都比较喜欢听故事，我们可以通过开展一些读书会让学生们互相讲故事来开展一次自我教育的微型主题班会。小学的学生们性格活泼好动，有的时候自己故意地去闯祸来吸引老师和同学们的注意力，导致同学们之间产生矛盾。教师在遇到这种情况的时候便可以通过微型主题班会开展让学生互相讲故事的一个活动，讲一些以友谊为主题的读书故事会，当学生听完这么多的故事他们自己也一定会深有感触，意识到友谊的重要性，对现在和同学小伙伴之间的友谊，会格外地珍惜。

（四）小学微型主题班会实施的策略

小学微型主题班会是在班会的基础上进行补充，一般在 15 分钟之内结束，占用学生的时间也比较少，所以我们选择班会的主题和素材要有针对性。小学微型主题班会虽然时间比较短，但也不是临时起意就开展的应急班会，这是对小学微型主题班会的错误认知。班主任要根据实际情况和发生的事件来选择微型主题班会的素材和主题活动。从学生们学习生活中一些实际存在和发生的小事上出发来选择教育的内容，引起学生们产生共鸣，达到更好的沟通，促进更好的发展。但在实际微型主题班会过程中，我们也要注意开班会的技巧，要不断地创新班会的形式和活动内容，让我们微型主题班会变得有吸引力，为了增加班会的吸引力我们也可以让学生加入进来，共同出谋划策，让他们可以按照自己的喜好来设计我们的主题班会，多设计几个方案，然后教师再根据班会内容加以选择和补充，让学生加入进来的微型主题班会，可能更能帮助他们成长。他们可以在自己设计主题班会的时候，站在老师的角度思考问题，能够培养他们的观察力和组织能力。可以将由教师主讲微型主题班会，变为学生们的自我教育微型主题班会。

在这样的情况下，教师应该要注意虽然微型主题班会的时间比较短，但也要合理安排好我们的时间，要充分地利用好时间，目标要准确，主题要简单明了，把握好恰当的时机，具体的事情一件一件地来解决，要能产生实际的效果。也要鼓励那些平时不怎么表达的孩子来为组织微型主题班会提出建议，或者让他们为微型主题班会做一些事情，比如讲故事，搜集一些相关资料，或者一些图片，可以锻炼他们的能力，增加他们的自信心，让每个学生都能参加进我们微型主题班会，让他们有更好的发展。

（五）微班会特点

1. 时间简短，灵活自主

微班会所用时间较短，一般为15分钟左右，这就要求师生精心设计班会内容，在有限的时间内达到最大的效益。微班会多在班会课时进行，与班级例会相辅相成，也可在晨会、午会、夕会、自修课进行。

2. 话题微小，聚焦明确

由于时间的限制，微班会常常会选择切入口小的话题，一事一议，如教室卫生、课堂纪律、课间安全、同学相处之道、亲子关系等话题。但与班主任的日常随机教育相比，微班会主题更明确，形式也更多样，师生交流比较深入，从而提高了教育的实效性。

（六）打造魅力"微班会"的常用方法

1. 观看视频，交流心中感受

伴随着微时代的特点，网络视频资源丰富多彩。视频集图像、文字、声音、光源于一体。具有数据量大、持续时间短、呈现方式可视化等特点。学生观看视频，通过联觉参与，激发深度自学能力。教师要善于从网上下载电影资源。免费下载时，应选择优质的视频素材，有时还要制作必要的视频片段，使时间紧凑，主题风格更突出。此外，导师还可以进行视频自拍。拍摄视频自拍时，注意拍摄特写和特写镜头。

2. 讲述故事，领悟其中道理

故事是时间的沉淀，智慧的结晶。班主任要当"故事王"，用短篇小说进行文化教育。讲故事，一定要善于讲哲学故事。许多寓言、民间故事、童话故事生动活泼，可以深深感动学生。使用这样的方法，可以促使班主任拉近与学生的距离，有利于班主任审视自我。

3. 开展活动，分享活动体验

参加主题活动是最受学生推崇的教学方式。学员们积极开展指导老师精心策划的主题活动，达到了"即刻、深入感受"的总体目标。微主题班会的主题活动要简单易行，可操作性强。由于时间和地点的限制，微主题班会的活动设计应特别关注细节问题。

（七）微班会的意义体现

1. 开展微型班会，增添班会的实际意义

微型班会时间短、主题小、环节精、形式活。因此，教师要注意对日常班级和学生进行观察，然后在举办微型班会前做好总结工作，在微型班会课上与学生一起分享最近的变化，对班级的优劣势进行分析，对学生的优缺点进行讨论和赏评。例如，小学生一般都会存在书写上的问题，字迹潦草等。教师平时就可以收集一些字迹整齐的作业和字迹潦草的作业，然后拍照做成PPT，在做PPT时，教师要注意对书写整齐的学生可以实名表扬，但是书写潦草的作业例子要注意匿名，因为小学生的自尊心较强，而且负面情绪不能很好地自我消化，教师必须要保护学生的心理健康，这也是维护课堂氛围的需要。

这样的微型班会贴合班级和学生的实际状况，用丰富直观的形式表达了微型班会的目的，引起学生的关注，让学生通过微型班会去认知和反思自己需要改进的地方，提高了学生在微型班会的参与度，让微型班会充满活力，只有微型班会有了活力，才可以变得更加有趣。

2. 开展主题微型班会，分享活动体验

班会的主体是学生，想要微型班会更加有趣，就必须要提高学生在微型班会中的参与度，让学生对班会产生兴趣，尽情地投入微型班会课当中。教师可以根据学生的思想动态，通过观察学生的日常生活，有针对性地确立和筹划主题班会。主题微型班会是建立班级集体感的一项重要活动，主题微型班会可以讨论学生生活上遇到的问题，也可以讨论学习上的问题，还可以让学生相互沟通交流，解决同学之间的矛盾等。教师要根据班级的实际情况，紧跟班级时事，确定好一个学生感兴趣的主题。例如，面对小学一年级的学生，学生因为从幼儿园来到一个新的环境，面对的是一些新朋友，难免会缺乏一些安全感，面对新同学也难以放开。这时，作为教师可以利用一节课的时间，带领学生对学校进行环境参观与认识，加深学生对学校的熟悉程度。参观完后，教师就可以组织一个"互相熟悉微型班会",教师可以通过学生分小组讨论,让学生提高对班会课的热情,积极投入微型班会课当中,小组讨论可以让学生互相之间更加熟悉,这也是适应微型班会主题的表现。小学学生会比较热情活泼,只要教师选对主题,选对开微型班会课的方式,就能够让学生参与到其中,使微型班会课更加地生动有趣。

3. 充分利用多媒体的功能,增添班会课的趣味

多媒体是现代教育最普遍的一种手段,它能够突破时空的限制,把特定的教育素材展现在学生面前,使得班会课更加有趣,让学生在特定的情景中去感知事态,有效地激起学生的情感,让学生在愉悦的氛围中不知不觉地接受教育。在班会课上,教师自己在台上长时间拼命地说教,这大部分都不会引起学生的注意,只会使教师更加劳累,学生感觉疲惫,结果是班会课上学生一无所获,班会课的开展变得毫无意义。微型班会的出现就是避免发生这种现象,微型班会的方式就是教师直接切入主题,向学生直接阐述班会主要内容,让学生快速进入状态。多媒体可以通过播放照片、视频的方式,提高班会的趣味性,用更加直接明了的手段让学生对班会内容进行了解与认识。运用多媒体进行主题班会,通过形象化以感知化的方式,使学生对班会内容有更深入的理解,而多媒体的上课方式,增添班会课的趣味,也更符合学生好奇的心理。通过形、声、色并茂的情景,让学生通过视频和图片去体会,引起学生的注意力,使学生更加地兴奋,在欣赏视频或图片过程中潜移默化地接受教育。

例如,在进行小学"拒绝毒品"主题班会中,开展班会时,教师可以先向学生介绍主题,让学生了解有关毒品的知识,向学生阐述毒品的危害,如果直接向学生语言解说,学生可能印象不会深刻,甚至可能会产生枯燥感,对教师讲的内容左耳进右耳出。因此,教师在讲解的过程中可以通过多媒体播放图片,通过语言文字双管齐下,提起学生的注意力。然后可以播放禁毒教育短视频,使班会课更加生动,更加吸引学生的兴趣,让学生更直观地去感知毒品的危害。视频播放完毕后,教师可以向学生提问,对本次禁毒教育主题微型班会的感悟,通过学生的回答去了解本次微型班会所达到的效果。运用多媒体进行微型班会,可以激发学生的情感体验,让微型班会课更加有动力和趣味。

183

4. 精心设计活动，增强小学生的参与积极性

微型班会课前，班主任要精心设计活动，让小学生积极地参与其中，这样必然会让小学生有直接的体验以及深刻的感悟，同时也会增强小学生的参与积极性。微型班会活动的特点应是简便易行，操作性强。在开展微型班会的主题教学中，结合新课程标准教师通过编创或搜集儿歌童谣，结合学校德育和安全小口诀、文明礼貌顺口溜，帮助学生快速记忆和反复传唱，从而指导日常行为实践，也使德育教学具有趣味性和富有童趣，更有助于积累德育教学的开展。

（八）做好微班会的技巧

1. 深入挖掘视频资源，鼓励学生交流感受

"微班会"的开展，在一定程度上，减轻了老师的压力，不仅提升了班主任的综合素质，还促进了学生基本素养的提升。微班会具有用时短暂，力求高效；方法灵活，课时灵动；选题微小而精湛，主题明确等多种特点。相较于常规的班会形式，这种新型的班会模式，更受学生们的欢迎，因此，微班会的实施，有效地促进了老师对学生的管理。

很多老师认为，微班会课就是老师当下对学生紧急召开的会议，以此用来解决当下发生的问题，这种想法是错误的。深入地了解下，就会明白微班会课远远比我们想象的作用要大。随着教育的不断革新，多媒体技术逐渐被老师运用在课堂上，班主任在进行微班会的开展时，应该充分地运用多媒体技术，丰富课堂的多样性，老师将提前准备的素材，通过视频播放出来，吸引学生们的注意力，充分调动他们的积极性，活跃课堂上的氛围，让学生更好地体会到老师所表达的意思，领略其中的教育意义。例如：在开展讲卫生的微班会活动时，老师可以为学生播放一些相关的动画宣传片，让学生从视频认识到讲卫生的重要性，老师还可以为学生播放一些由于没有讲卫生，带来危害的视频，让学生可以深刻地认识到讲卫生的好处，并能从自身做起，从一件小事做起，促使学生养成讲卫生的好习惯，提高了学生的基本素质。

2. 通过讲故事的形式，引导学生从中受到启迪

由于小学生的不稳定性，没有足够的耐性，老师如果对他们进行常规的教育引导，起不到任何作用，还会让他们出现不耐烦的现象，因此，老师可以运用讲故事的模式，对学生进行引导，让学生自己通过有趣的故事，感悟出其中所蕴含的道理，这样更能加深学生的印象。

比如：班主任在开展建立学生的"自我保护意识"时，老师提前选好对应主题的绘本故事，如：《不跟陌生人回家》《不要随便摸我》等具有代表性意义的书籍，让学生通过对故事的观看，增强对自己的保护意识。老师要引导孩子说出在故事中都理解到了什么，在面对同样的问题时，学生自己该如何做呢？让孩子说出自己想法，更能加深学生对自我保护意识的提升，老师还可以结合真实的例子，说给学生们听，使学生意识到有些危险是真实地存在我们身边的，使学生对此产生共鸣，认识到保护自己的重要性。

3. 丰富"微型班会"形式，增强学生情感体验

在进行微班会的开展活动中，老师应该依据学生的实际情况，进行有效的教育，同时，老师应该改变单一的、无趣的教育模式，对学生进行丰富多彩的教育方式，让学生能够积极地参与进来，体验微班会的魅力所在。比如：设置一些小游戏环节，使学生在"玩"的过程中，加深对知识的理解，充分地调动学生的积极性、活跃性，使学生更愿意参与到微班会的活动中。例如：文明用语竞赛游戏，学生需要在有限时间里，说出卡片上情景中的文明用语，谁说得多，就会得到相应的奖励，使每位学生更好地参与进来，增强了学生对文明的了解，加强了学生的体验感。老师还可以通过儿歌的引用，提升学生的基本素质，学生从幼儿时期，就学习各式各样的儿歌，因此，这种方式更容易被学生接受，老师针对相应的主题，搜集相关的儿歌，让学生在班会时进行学习传唱，让学生对此产生浓厚的兴趣，同时，也利于学生对知识的不断积累，加深学生的记忆力。

4. 运用情感表达方式，组织学生交流互动

老师是学生成长路上最好的伙伴，老师推动学生的全面发展，班级是一个大的集体，学生作为集体里的一员，在老师的带动下，形成温馨活跃的氛围，学生与学生之间应该互帮互助，相辅相成，共同成长。老师可以充分地利用短短 20 分钟班会课，让学生对老师提出的主题，展开自己的言论，谈一谈自己的想法，让学生之间多进行交流，促进学生之间的关系，增强班级凝聚力，例如：老师以"班级"为微班会的主题，让学生就"班级"两个字进行理解，"什么是班级"，进行讨论，让学生们积极踊跃地说出自己对"班级"的理解，展开激烈的交流，然后老师再进行最后的总结，让学生们充分地认识到班级的重要性，认识到我们是一个集体，一个温馨大家庭，所以，我们要爱护它，地上垃圾要

记得捡起，学生的桌椅要学会爱护，不可以乱写乱画。让学生从身边的小事做起，从自己做起，养成良好的习惯，做一个讲文明、树新风的好孩子。使学生们在不断的交流中，认识到自己的不足，并且加以改善，不断地积累新的知识，提高自己的思想观念。

二、主题班会融入德育元素

（一）德育主题班会的价值认知

德育是教育的重要内容，围绕着班级管理方法及其课堂教学的整个过程。当今中小学德育的工作压力越来越大，教导主任在班级德育管理方法过程中必须通过主题班会来达到德育效果，让主题班会变成重要的"德育场"。

1. 主题班会有益于提升德育总体目标

相比于班级日常德育的广泛娱乐化与及时性，主题班会全是紧紧围绕明确的主题进行的，一节主题班会相匹配一个主题活动主题，根据深度思考与主题活动达到提升文化教育目的。如紧紧围绕"诚实守信"进行的主题活动，收集关于诚信的名言名句、名人事迹，从正反两方面来讨论诚实守信对社会发展和本人的必要性。主题班会中不但德育目标明确，重要突显，并且能合理提升德育课堂教学的目的。

2. 主题班会有益于激起学生的德育主体作用

传统式的德育大量的是老师面红耳赤的文化教育，老师将为人处世的德育基础知识传递给学生，学生参加主动性不够，画面感不强，没法激起学生的情感共鸣。而以学生为行为主体的主题班会活动，从主题的挑选到主题活动的开展，学生自始至终处在行为主体影响力，根据形式多样的探讨沟通交流，互换观念，达成一致，学生经历了道德文化教育的过程，对有关德育专业知识的了解与体会更加刻骨铭心。

3. 主题班会有益于知与行的融合

德育主题班会不但要达到某层面的德育的共识，更要紧紧围绕已达成一致的德育总体目标进行德育主题活动与实践活动。如以"环境保护"为主题的主题班会活动，不但要在学生人群中达成一致的"保护生态环境，从我做起"的道德的共识，更重要的是探讨一名小学生应怎样为环境保护工作奉献自身的能量，进而从科学方法视角具体指导学生们的个人行为。

（二）德育主题班会的组织方法

1. 优选主题，打造德育主题班会

以德育为内容，以德育为目标而开展的主题班会，其内容应当与德育主题密切相关。在设置主题班会时，教师要本着整合与优化的内容组织思想，利用多种方式搜集主题班会的内容。根据学校的德育教育内容，了解当前教育发展趋势。将学校的德育工作与教育事业的要求整合在一起，形成精确的德育主题内容，优化班风校风。在小学阶段，教师选择主题班会内容时，不仅要考虑整体德育管理规划，还要关注小学生能够了解到的社会热点问题。

在国家环境治理力度不断加大的今天，环保逐渐成为热门话题。保护环境，与大自然和谐相处，也是每一位社会人应当具备的基本思想观念。在选择主题班会内容时，教师可以结合环保主题，优化内容，安排活动。针对小学生的认知特点，教师可以在主题班会之前搜集与环境保护密切相关的图片或视频，用震撼人心的环境污染图片，冲击学生的视觉，让小学生意识到当前社会中存在的环境污染问题。更要引导学生了解国家环境保护政策落实后发生的肉眼可见的变化，让小学生了解环境保护行为的正确性。用这样的内容，激发小学生的环保意识，让他们对环境保护有更多认知，并在自己的实际生活中，成为积极的环境保护者。环境保护的类型多种多样，与人类生活密切相关。像近几年来空气污染导致呼吸道疾病案例日益增多，关注空气污染问题，让小学生感受空气污染对人类生活的影响，并分析空气污染的主要成因，有助于小学生了解更多的环境污染或环境保护信息，促进班会达到更好的效果。在以往的主题班会中，有的教师会选择环保作为主题。但只是强制地让小学生接受环境保护意识，强制要求小学生保护环境。这样的主题班会，并不能对学生的思想与情感产生根本影响。但在丰富主题内容的支持下，小学生深入主题情境中，他们的视觉、听觉和思想会同时运作起来，在积累环境保护知识的过程中，积极响应教师的环境保护号召。

2. 加强互动，打造德育主题班会

在主题班会过程中，学生是班会的主体。他们对班会内容的响应，在班会活动中的参与程度，影响着班会的德育教学效果。班主任在组织主题班会时，要积极了解学生的参与感受，从学生那里获得具有建设性的意见。学生对主题班会的诉求，关系着班主任组织主题班会的方向和思路。每一位小学班主任都要认可学生的审美情趣，尊重学生的主体地位。通过主题班会中的积极互动，不断调整主题班会的具体方向。每一个班会主题，都具有不同的方向和细节。选择最符合小学生认知特点、最能推进学生个人思想道德水平提升的细节，才能让主题班会具有针对性。

劳动，是小学主题班会的重要选择之一。在当前社会背景下，许多小学生没有劳动习惯，无论在家庭生活中还是在校园生活中，绝大多数小学生将劳动视为其个人生活中的负担。学生很少主动劳动，在家庭生活中没有主动帮助家长做家务，在校园生活中没有积极参与大扫除活动。教师可以将"爱劳动"作为德育班会的主题，提前预设好不同的方向，像培养卫生习惯、培养劳动意识、认知劳动的成就感等。在班会开启之后，与小学生开展积极互动，从劳动主题出发积极交流。像"同学们对学校的环境满意吗？认为教室的卫生情况怎么样？我们应该如何保持别人的劳动成果？听到他人夸赞你的劳动成果，你有何感受？"等。在教师提出引导性问题后，小学生各抒己见。如果大多数小学生的反馈是"教室环境非常干净，我们应当感谢值日同学的付出"。教师便可以将主题班会的具体方向定为学习劳动技巧，积极发现可做之事等。

3. 创新形式，打造德育主题班会

创新主题班会的形式，需要教师关注课内主题班会的开展和课外主题班会开展的结合。引导小学生走出教室，通过参与实践活动的方式，与班会主题互动。践行主题班会中的优良思想品质，有助于小学生获得直接体验，从中完善个人思想认知。

像在以"交通安全"为主题开展班会时，教师要引导小学生了解交通规则，并成为交通规则的严格遵守者。教师可以同当地的交通部门合作，引导小学生参与到交通小卫士活动中。让他们进入社会生活，观察人们的交通意识和交通行为。并通过友善提醒的方式，规范每一个人的交通行为，从实践活动中规范个人思想。选择具有实践性的班会主题，设计主题性班会活动，能够调动小学生的热情，从实践中提升个人综合素质。

（三）利用主题班会提升德育管理方法的对策

1. 找寻德育突破口，让主题班会应时应景

观念道德文化教育具备显著的及时性，在特殊的时间范围进行德育主题活动可能造成事半功倍的实际效果，因而教导主任在班级日常管理方法过程中应当合理发掘适合开展品德教育的德育资源，让主题班会应时应景。

2. 构建德育气氛，让主题班会爱意浓浓

社会心理学研究发现，人在不一样的情景下所造成的道德情感体验各有不同，德育感情气氛的构建有益于激发人的情感与感受。因而，要根据主题班会加强学生的道德感情，提升道德文化教育实际效果，需要构建德育气氛让学生入情入境。一方面，能够根据充满感情的语言表达进行渲染；另一方面，能够根据多媒体系统开展形象化全面渲染。

3. 提升德育主题，让主题班会提升感情

为了达到道德感情的震撼人心的效果，达到道德的共识是德育主题活动的最后目的。德育主题活动只有对学生的心理带来明显震动才可以提升学生的道德感情。德育主题活动不可以"一鼓作气，再而衰，三而竭"，而需要"一浪高过一浪"，在主题活动的结尾达到高点，造成明显的道德震撼人心与感情冲击性，那样才可以让德育深得人心。这就要求教导主任应该具有优良的感情决策能力与艺术技巧，善于在德育主题提升环节"添油火"。

4. 在主题班会中，重视突显学生的行为主体影响力

同一班级的学生相互间的年纪还存有一定的差别，针对事情的认知水平和接纳工作能力也会存有一定的区别。因此，老师必须掌握每一个学生的年龄，随后在原来的基础上引入多元化的方式和具备挑战性的方式来进行主题班会活动。比如，老师在进行"你是如何孝顺父母的"主题班会之前，能够事前让学生回家做一些孝敬长辈和孝顺父母的有意义的事情，在学生拥有一定的社会经验和经历以后，老师再进一步进行有关的主题班会，这可以使学生的实践能力和认知水平获得合理提升。老师还能够运用一些别出心裁的方法来进行主题班会，比如，文艺演出、老师学生交流会、学生演说等。

5. 根据点拨学生，提升德育实效性

因为每一个学生的发展自然环境和个性特征都不一样，老师必须充足掌握班级学生的认知水平和观念发展状况，在主题班会的过程之中有效地明确主题然后采取有效措施进行主题班会，正确引导学生客观公平地对事情和状况开展点评，进而使学生可以通过现象见到事物的本质，塑造其辨别能力。老师在对学生点拨的过程之中，还必须进行主题班会的小结，进而使学生可以依据自身的学习趋向和意向来明确科学规范的个人目标和学习培训方位。

（四）德育班会加强道德思想建设之策略

1. 以说服教育为核心开展德育主题班会，培养道德思想

说服教育法是开展德育工作的重要方法之一，是指通过陈述事实和推理来帮助学生快速提高对德育的认识，并助其树立正确的人生观和价值观，学会明辨是非对错，形成正确的判断正误的意识。说服教育较之其他德育教育方法具有更强的语言性和文字性，主要可以透过真实案例的分享感染学生；以报告演讲的方式引发学生思考，激活学生的思想；以师生对话的形式增进彼此之间的情感和思想交流，加深学生对正确的德育知识的认同感。除此之外，还可依靠外力的辅助，像借助一些书籍、电子文档引导学生阅读，使其从中获得对相关德育内容的认同，从而影响自身的道德观念和言行举止，又或是组织学生进行参观，以切身体验增强学生的德育认知，于潜移默化中加强学生的道德素养。以说服教育作为德育主题班会的核心将初步落实对农村小学的德育培养，为其良好的思想道德品质奠定了有利基础。

例如：在以学习《小学生日常行为规范》为主题的班会课堂上，教师就可以基于这一教学内容的特点，借助说服教育的方法对学生进行道德思想的培养。首先，以谈话导入，激发学生兴趣。由教师询问同学们："你们知道什么是行为规范吗？你们对行为规范有哪些了解呢？现在我们来开展一个知识竞赛，看看谁知道的行为规范更多。"接着，开展竞赛，加深学生理解。请说出五种文明用语；行为规范有哪四大部分？在升降旗仪式上，应该怎么做？以此对学生做出陈述要求，促进其对行为规范的认识。最后，借助故事，升华学生德育情感。由教师和一名学生分别陈述《程门立雪》和《孔融让梨》的故事，加强学生的感受，让大家深刻意识到文明礼貌是中华民族的优良传统这一事实，并深化学生的认同感。经此，启发小学生不忘中华传统，争做讲文明、懂礼貌的好学生，与良好的行为规范相伴而行。

2. 以榜样示范为核心开展德育主题班会，启发诱导学生

榜样示范是开展德育的又一重要的方法，能够起到较好的启发诱导作用，使学生对学习榜样建立起敬慕之情，从而在思想上、行动上向其靠拢，逐渐形成优良的思想道德品质。所以，教师就可将其合理融入德育主题班会中，透过一些优秀人物的案例以及教师自身的影响来促进学生的道德品质。教师作为班级建设的设计者、班级管理的组织者和协调班级人际关系的引导者，是学生道德修养培养过程中的重要榜样对象,因此,教师要尽最大努力做好自身工作,以身作则、言传身教,在学生面前树立良好的师者形象。在对于师生关系上,教师要做到尊重和赞赏学生,要给予学生适当的鼓励,使其具有源源不断的学习动力;在对待教学教育上,教师要切实做到引导和帮助,教师是学生学习过程中的引导者和学生发展的促进者,要积极启发和诱导学生建立正确的思想道德认知,养成良好的道德习惯,如此,才能在学习生活中成为人人夸赞的好学生。

例如:在以"保护水资源,人人有责"的德育主题班会活动中,教师就可以将榜样示范法作为主导教育方法,利用一些生活中的典型案例,启发诱导学生形成正确的道德意识,懂得节约用水应从点滴做起的道理。首先,先以几个和水有关的谜语导入主题,激发学生的学习兴趣。接着,带领学生了解生活中浪费水的现象。如:家里的水龙头、学校食堂的水管、公园里的洗手处、道路上水管破裂等,都有水资源浪费的现象。同时附上一些节约用水的生活实例,总有一些道德高尚的平凡之人做出一些节约用水的举动,如:用完水及时关闭水龙头、用水时根据需要选择水流大小、能循环用的水尽量循环使用(像洗完菜的水可以用来浇花或者拖地)、看见浪费水的行为及时制止等,这些良好的节水行为是生活中的常见案例。而大家作为学生,更应有节约用水的意识。最后,组织同学们制作节约用水的标语,粘贴于班级文化墙,如:保护水资源,生命真永远;浪费水可耻,节约水光荣。这样一来,学生就能在优秀的案例学习中寻找榜样对象,并跟随其一起以优良的道德品质践行道德行为。

3. 以情境陶冶为核心开展德育主题班会,磨炼知情意行

对于小学生来说,无论是学习学科知识,还是其他各项教育知识,都需要一定的刺激,或是视觉刺激,或是听觉刺激。在开展农村小学德育主题班会的过程中,教师不仅要注重教育内容的筛选和设计,还要密切结合学生的学习特点和身心发展规律进行班会内容的设置,只有这样,才能有效激发学生的课堂参与,才能有效落实德育教育。基于这一教育要求,教师可以将情境陶冶这一德育方法作为主题班会教育内容的核心呈现方式,同时结合多媒体、投影设备等直观生动地呈现学习内容,第一时间吸引学生的学习目光,并在此基础上展开下一步的教学。通过情境陶冶教育,学生将在"知、情、意、行"的德育发展过程中形成良好的道德认知、道德情感、道德意志和道德行为,其中,学生道德行为的规范是学生品德的重要标志，其关键就在于培养学生良好的道德习惯。因此，教师要充分运用好德育方法，使其在主题班会的开展中发挥最大的效用。

例如：在以"合作"为主题的班会活动中，教师可以让学生处于一定的情境中，通过看动画、游戏和讨论等活动方式，让学生处于轻松愉悦的学习氛围中，使其在眼看、心想、手动下体验什么是合作，如何进行合作，同时，有效培养他们的合作精神和互助意识，并使其深刻感受到合作在做不同事情时的重要性和必要性。首先，通过"五指兄弟"的故事激发学生的学习兴趣，初步认识合作的意义，并借此揭示课题——合作。接着，引导同学们观看动画，在视听结合中感受合作的力量。通过组织同学们观看《三个和尚》的动画，向大家提出思考问题——为什么人多了，反而没水喝了呢？他们应该怎么做，才能都有水喝呢？请大家帮他们想想办法。以此激发学生的思考，让他们进一步认识到合作的重要性。下一步，通过游戏使同学们体验合作。即组织大家开展"心心相印"的游戏，要求两人一组，两组比拼，两人背夹篮球，步调一致，先抵达终点者获胜。透过这个简单的游戏让学生深刻体会合作在游戏中的重要性。最后，在讨论交流环节，则让大家分享"你眼中的合作"，使其明白团队的力量是无限的，合作在生活中随处可见，并且具有举足轻重的作用。以此落实对学生知、情、意、行等方面的道德培养。

4. 以实际锻炼为核心开展德育主题班会，规范学生言行

任何教育都离不开实践，德育亦是如此。因此，在开展德育主题班会的过程中，教师不仅要注重理论知识的讲解和呈现，更要带领学生深入实践，使其在其中获得实际锻炼，从生活中真正领悟德育内涵，从而有效规范自身的言行举止。基于此，教师就可将主题班会迁移到户外，在校园内组织学生参与一些实践活动，让学生在教师搭建的德育实践平台锻炼自身的道德品质，磨砺道德意志，规范道德言行，成为真正遵纪守法、品德高尚、文明礼貌的优秀学生。

例如：本次德育主题班会为"今天我做小主人"。在培养学生小主人意识的过程中，教师可以联合学生家长，让学生在家庭中扮演小家长的角色，学做力所能及的家务活，如：理财、做简单的饭菜、刷碗、扫地、收拾屋子等，从而培养学生的劳动意识和能力。第一步，教师通过家访等方式和学生家长取得联系，得到家长支持，让学生在家长的帮助下学做家务，使其在这次家庭活动中有所收获。第二步，进行学校活动，让每个学生都当一回采访家长的小记者，并说说家长在我这么大时都在做什么。随后，再将学生做小主人的体验以录像的形式分享给大家，由大家一起评判各位学生在一天小主人的担任中的表现。第三步，要求同学们完成小主人日记，将自己的感受写出来，每位同学将其分享在课堂上。通过这种实际锻炼的方式，引导学生规范言行，培养良好的道德习惯。

三、社会主义核心价值观主题班会中融入互联网技术

（一）互联网技术在主题班会中的应用

一个主题班会的顺利召开，需要教师明确班会主题，然后借助互联网技术，实现开展班会的目的，从而促进学生德、智、体、美、劳全面发展。

1. 运用互联网技术，创建主题班会情境

随着素质教育的不断推进，以生为本的教学理念也成为了教师们的活动开展依据。在传统的教学活动进行过程中，教师总是占据着主导地位，推动着整个活动的发展，将自己的想法作为活动的主题，并没有全面了解学生们的真实想法，学生在参与过程中只能感受到枯燥和乏味，从而导致每次活动的效果都不是很理想。因此，在开展主题班会时，教师应该充分了解学生的好奇心理，采用创新的手段，合理应用互联网技术，通过情境创建的方式，提升学生的参与热情，使其感受到开展班会的意义所在，从而更加积极地参与其中，实现主题班会的要求。

例如，在进行"我爱我的祖国"主题班会探究时，小学生处于和平稳定的年代，对于祖国的飞速发展认知并不全面。因此，教师可以借助互联网平台，在课前准备"爱国"题材相关纪录片，通过纪录片中时代的变化和生活水平的提升，让学生感知到我国经济的持续发展，我们的国家为我们的生活提供了如此稳定的保障，爱国情感油然而生。这种创建班会情境的方式，是升华主题的重要途径，也能在很大程度上激发学生的了解积极性，从而在今后的生活当中，将对祖国的热爱之情牢记于心，设定远大的目标，为社会的发展和进步奉献自己的一份力量。

2. 运用互联网技术，进行主题班会问题查询

教师在准备主题班会时，要将内容的准备途径进行创新。在以往的开展过

程中，总是教师进行班会问题的设定与解答，也没有为学生提供全面的预习准备时间，导致在开展班会时学生并没有准备，而不能够将情感完全参与其中，限制班会效果的达成。因此，教师可以在课前或者课后，都进行相关问题的预留，在课前，先将班会主题布置下去，并提出指引性的问题，让学生通过互联网技术自行查找资料，然后进行答案总结，在课上与大家分享自己的结果；在课后，布置相关问题总结，对主题进行更深层次的探究，借助互联网完成主题的升华。

比如，在"三人行，必有我师"主题班会开展前，教师就可以先进行问题布置，"'三人行，必有我师'这一句话出自哪里？""'三人行，必有我师'这句话应该怎么理解？"学生在运用互联网查询的过程中就可以对这句话有大概的了解，结合故事背景了解深层含义。同时在课后思考"在生活中我们应该通过哪些途径践行'三人行，必有我师'？"通过问题设定的层层递进，学生可以更加明确谦虚对于人格发展的关键意义，每个人身上都有值得自己学习的长处，要见贤思齐，在实践过程当中不断吸取他人的长处，弥补自身的不足，从而具备完善的人格，具备良好的道德素养，成为受别人敬重的榜样。

3. 运用互联网技术，成立主题班会小组

在开展主题班会时，教师也不应该局限于传统的开展途径中，可以将学生按照不同的性格特点、兴趣爱好等划分成不同的小组，引导他们自主探究，会在一定程度上促进班会效率的提升。同时在互联网背景下的班会课堂，也可以不仅仅局限于校园当中，通过微信群、教学平台等方式，都可以定期开展主题班会。

比如，在进行"我爱我家"主题班会开展时，可以在放学后学生在家的统一时间段借助教学平台实践，学生在家时也会更贴合主题氛围。教师有意识地引导学生以小组的形式展开讨论，分别与大家介绍一下自己的家庭成员，分享家庭趣事，学生们在这种愉悦的氛围当中会更感受到家庭的温暖，从而在今后的生活中懂得感恩父母，用实际行动报答家人。

（二）电子白板的应用

电子白板这类教育装备在主题班会课上的有效运用，大大提高了班会课的质量，减少了失误，让德育教育更及时、更生动。

1. 主题更明确

在以往的教育过程中，开展主题班会前，要对教室进行一番布置，除了在

墙面上粘贴相关的图片之外，还要在黑板上写上相关标语等内容，既浪费时间又会造成课程的调整，而用电子白板开展主题班会，教师只需要将要开展的内容做成课件，在白板上展现出来就可以，而且还满足了教师既要随着班会进程翻课件又要写板书的要求，同时还彻底避免了粉尘对学生的侵害。比如很多主题班会课都需要提前做好资料收集，充分准备后才能顺利开展。"开学第一课"，就需要班主任对疫情期间的数据资料提前进行整合，理清思路，利用电子白板展现给学生，让全体学生在身临其境中感恩生命，热爱祖国。在电子白板的操作过程中，教师不仅可以像在黑板教学中那样随意对教学内容进行圈点勾画，还可以对某一内容进行拖拽放大等，在一块"黑板"写满后，不用像以往一样擦黑板而浪费时间，只需要新建一块"黑板"就可以了。

2. 内容更生动

电子白板以计算机技术为基础，综合了电子、感应、网络技术，将传统黑板和多媒体软件相结合，在教学过程中更具有生动性和鲜活性。在开展主题班会时，可以根据不同的主题，插入不同的音乐、图片、视频等，改变传统的班会模式，比如在开展"学会感恩"这一主题班会时，在班会中播放《感恩的心》等歌曲，也可以提前向学生家长搜集各个学生跟各自父母一起的相片，以及各个同学的父母对孩子的期望，录制成不同的短视频等，插入课件中，在吸引学生注意力的同时，让学生积极地参与到班会当中，各抒己见，从自己和同学的故事中感受父母对自己的爱，从而更有效地达到班会的目的。

3. 参与性更高

在交互式电子白板的使用中，为教师和学生提供了答题器和无线手写板。在主题班会时，教师可以通过问卷调查的方式和学生进行交流，让学生在手写板上答卷，在学生提交后教师再进行批阅，以便于教师有针对性地对学生进行专项辅导；另外，面对低年级学生，在开展主题班会时，可以让学生通过绘画、写字的方式表达自己的意见，这样让学生除了嘴巴、眼睛和耳朵参与班会，还能让双手和大脑也参与进来，改变以往班会的枯燥性的同时提高学生的参与性，进而提高主题班会的质量。例如在开展"文明礼仪伴我行"的主题班会时，可以先让学生寻找生活中的不文明行为，通过手机拍摄等方式记录下来，在班会上积极探讨，增加学生对主题班会内容的热情，从对别人不文明行为的探讨中逐渐引申到自己的行为中，这样能很好地让学生认识到自己的错误行为，并有改正的动力和相互监督的行为。尤其在小学阶段，学生的一切行为都可待培养，主题班会通过电子白板真实生动地展现在学生眼前，提高学生的参与性的同时，还能够让学生有更加深刻的体会。

4. 时效性更强

在网络日益发达的今天，生活中有越来越多的方式向我们展示世界各地的实时动态，在教育中也是如此。例如在开展"保护好自己"主题班会时，可以从网络搜集曾经真实发生的经典案例，比如小学生被拐卖、寒暑假结伴玩耍时发生意外等，制作成短视频播放。只有将真实事件展现在学生眼前，才能更好地引起学生共鸣，另外在白板用动画的形式演示相关求生技能，并让学生了解相关法律法规，在增强学生常识的同时，让学生认识到社会对未成年人的保护措施，进而更好地达到班会的目的。

第二节　社会主义核心价值观主题班会设计实施的创新与进取

一、积极融入创新理念与思维

（一）树牢新理念，让主题班会设计接地气

理念是一个人思维和观念的总和。新课程改革实施以来，在新的教育理念支撑下，教师的教和学生的学发生了根本性的转变，教师不再是主宰，学生成为学习过程的主人。新理念下的主题班会，班主任应充分发挥学生的主动性，放手发动学生，教师只需做好居中协调引导，这样不仅充分体现了学生的主体地位，让他们在整个活动中提高了认识，发展了个性，愉悦了身心，更因为主题班会的设计有了学生的全身心投入，全流程参与，才显得更"接地气"，无形中让他们收获幸福感、成就感和成长感。

例如：在以"庆祝中华人民共和国成立70周年"为内容的主题班会上，整个班会从主题的确立，整个班会流程的设计到内容的安排，主题班会现场的布置，除了一些小细节和设备准备与教师协商沟通外，全部由学生完成，班会开得很成功。以"我和我的祖国"为主题，在国歌声中开始，班会上既有宏观的中华人民共和国70周年的成就图片，又有家乡70年来的变迁；既有名作名篇，又有学生自己的习作，也有学生自编自演的节目，到了主题班会的最后一个环节"祖国，我想对你说"的自由发言时，现场的气氛更是到了顶点，学生都争抢着发言……正因为学生的自主设计，才让主题班会"接地气"，让学生真正动起来。

（二）站位新视觉，让主题班会内容更鲜活

新视觉，就是以当前社会热点、周边发生的人和事为主题，用新颖的理念、

独特的视角、创新的表达来解读这些现象。站位新视觉，就是在主题班会内容的选择上，班主任要立足于新时代青少年的身心发展的特点，精准聚焦当前的社会热点，巧妙捕捉发生在学生身边的人和事，并以这些鲜活的案例为主题班会内容，让学生在思维的碰撞中敢于突破，勇于创新，充分挖掘其中蕴含的独特教育元素，在民主的、自由的、理性的、创新的表达中明辨是非、感悟真理、升华情感。

例如，关于青少年要不要有手机的问题，是当前热议的一个话题。究竟应该如何处理青少年与手机的关系，社会、家长和学生三方也是各抒己见。社会上因为学生玩手机造成的悲剧也是屡见不鲜，班主任可以紧紧抓住这个话题，并以此为内容，不说明，不表态，让学生自己收集、整理相关资料，发表自己的独特见解，言之有理即可。生动的选材、切身的感受、社会的关注、新颖的思维方式、不拘一格的表达，让主题班会的内容更鲜活。事实证明，手机问题的讨论，虽然大家开始观点不一，但通过观点的碰撞，大家最终达成远离手机的共识。

（三）嫁接新媒体，让主题班会形式多样化

新媒体是利用数字技术，通过计算机网络、卫星等渠道及电脑、手机等终端，向用户提供信息和服务的传播形态。随着教育信息化的深入，移动、数字、网络等技术正日益广泛运用于教育教学，让教育教学的呈现形式更多样，效果更优化。在主题班会中，班主任要主动嫁接新媒体，改变传统的、单一的、枯燥的、低效的说教模式，运用声、影、像等多媒体教育资源，采用同步实时、远程共享等形式，让学生在感受新媒体无限魅力的同时，更于不知不觉中接受思想的洗礼，形成正确的道德认知。

例如，针对即将毕业的年级，为了增强学生的学习动力，班主任特意设计了关于"前途理想"的主题班会。并且为了激励大家共同努力，班主任特意在班上选取了一个由好、中、差组成的采访团队，通过手机录视频，采访部分学生，让他们谈自己的目标、理想，并通过后期制作，在主题班会现场播放，让学生在观看的同时，更明确自己该怎么办。此外，班主任还利用手机网络，与部分在外打工的家长视频，让家长现身说法，当远在千里之外的家长视频投到教室数字一体机上时，给当事学生带来了强烈的精神震撼，许多学生当场哽咽，让家长放心……新媒体在主题班会中的巧妙运用，让主题班会的形式更多样，

效果更明显。

（四）在班会的主题选择上下功夫

班会的主题一定是从班级中来，从学生中来，贴近学生的生活，为学生的成长服务，为学生的终身发展奠基。主题班会能够帮助解决班级管理和学生成长中的问题，但不是班级和学生的所有问题都适合召开主题班会来解决，我们不能用"主题班会"这一把钥匙开学生所有"成长问题"的锁，班主任要将德育渗透在班级管理的全过程，通过课程育人、活动育人、实践育人、管理育人等多种途径育人。培养学生积极主动、健康发展的人生态度，认知时代赋予年轻人不可推卸的责任，做好人生规划，为精彩人生筑基。

（五）在班会的切入点选取上下功夫

班会的主题确定之后，我们要用心选择班会的切入点，我们平时说的主题班会要小、近、实、新很大程度上取决于切入点的选择。比如：要召开"培养规则意识"的主题班会，规则在我们的生活中无处不在，如果在班会中处处规则都涉猎就很难引导学生深入思考和感受。我们可以从学生的课间规则入手，引导学生知道规则是把双刃剑，既约束又保护我们的道理，学生从他律到自律，逐步形成规则意识。

以"培养良好劳动习惯"为主题的班会，我们要了解《中共中央 国务院关于全面加强新时代大中小学劳动教育的意见》《教育部关于大中小学劳动教育指导纲要（试行）的通知》等重要文件精神，把握学段要求，丰富、拓展劳动教育实施途径，紧密联系学习生活。所以，我们的班会要"从小处入手"，体现"小问题大教育"；从"大处着眼"，做到"小班会大德育"；"从高处引领"，明确"小行动大意义"。

（六）在教育形式的选择上下功夫

一节有实效的主题班会，要避免"教育目标过高""感悟过程过急""语言过于炫技""形式过于花哨"，主题班会要采用适合学生的形式和学生听得懂的语言引导他们深深感受，细细品味，慢慢成长。主题班会的环节往往是：主题导入—主题展示—主题深化，依据这样的环节设计主题班会看起来很简单，但是让每一个环节都采用适合的形式却不容易，让每一个环节都有实效更不易。班主任在设计主题班会环节时往往特别关注创新性和趣味性，但是主题班会不仅要有趣，更要有效。在选择教育形式的时候不妨多问几个为什么：这个环节的教育作用是什么？为什么要采用这样的形式？这样的形式能否实现期待的教育作用？

（七）在班会素材的挖掘上下功夫

在选择活动、视频、故事等素材的时候，我们要符合学生的年龄和认知，选择的素材要贴近主题而且要做到感染力强，能激发学生的兴趣，但是一节好的主题班会绝不是素材的堆积，班主任要充分挖掘素材背后的故事，引领学生充分体会素材所蕴含的教育意义，给学生足够的时间体会和分享，这样主题班会才能更有实效。

例如，小学以"勤奋"为主题来召开主题班会，我们可以先让学生观看一段精彩的芭蕾舞蹈视频，在学生感慨舞姿曼妙之时，我们出示芭蕾舞演员的脚的图片，强烈的视觉对比会给学生的心理带来震撼。然后引导学生说一说舞姿那么美的芭蕾舞演员，她的脚怎么会这样伤痕累累，她是经过了怎样的练习才能跳出这么美的舞蹈的，几个学生交流自己想法之后，我们出示芭蕾舞演员练习的数据，6岁开始，每天练习10个小时，有时一个动作就要反复练习一天（10个小时），误差要控制在1—2毫米，坚持练习25年。出示这些数据之后再让学生谈谈自己的感受，老师这样对素材的充分挖掘让学生很容易感受到"勤奋是通往成功的阶梯"。在挖掘素材上下功夫，提高班会实效就是在精心整合资源上下功夫，在挖掘素材背后的故事上下功夫。

（八）结合身边小事，引导相亲互助

小学生良好行为习惯的养成、道德情感的培养应该从身边的小事入手，只有从细微处介入，才能真正教会学生怎样做人。尤其是在指导开展德育活动中，教师应该秉持着"学校无小事，事事有养成"的理念，在主题班会中多引入、结合学生身边的小事，在不经意之间引导学生了解认知更多的道理，自觉对自身的行为进行约束规范。因此，在主题班会活动中，教师应该多加强日常对学生生活、发展的观察，以小事为切入点，在明确主题的基础上开展内容明确的活动，让小学生能够接触到更多丰富的事物，从不同角度入手对某一事件有着更为深刻自主的认知，促进德育活动的有序开展。

以"学雷锋，从身边小事做起"这一主题班会活动为例，在此之前教师已经多次开展了互帮互助的活动，但是由于过于强调帮助，反而造成了德育工作与实际生活的相背离。对此，教师以"学雷锋"为核心主题，让小学生自己走

上台前，说一说要想为他人提供帮助，在实际生活中应该从哪些方面入手。很多学生刚开始从大的点入手，指出可以为灾区捐资捐款，可以帮助社区内的孤寡老人等来实现相亲互助。在学生形成帮助意识的基础上，教师选择从身边的小事入手，让学生通过模拟剧、角色扮演等活动了解到一些不经意的小事都是互相帮助的切入点，深刻体会到爱与关怀在推动社会发展中的重要价值。

（九）关注国家时事，形成世界概念

长久以来在我国应试教育的影响下，很多小学生在成长发展中往往处于"两耳不闻窗外事，一心只读圣贤书"的状态，不具备较为丰富的时政素养，这不仅不利于正确世界观、价值观的形成，也不利于学生将所学运用于实践之中，对小学生德育工作的开展造成了较为严重的阻碍。对此，教师在主题班会课程开展的过程中，应该一改过去封闭阻碍的局面，将更多的国家时事、热点问题引入课堂交流与讨论之中，帮助学生形成正确的世界概念，以更加多元化的视角去看待事物。在具体的活动中，教师可以运用多媒体，引导学生多读、多说、多想时事政治与社会热点，为帮助小学生了解国家、社会、世界提供更多的支持。

例如在"共享经济"高速发展的格局之下，学生的日常生活中也出现了这一经济模式的印记，随处可见的共享单车、共享充电宝都是共享经济的产物，为时事的分析与感悟提供了良好的机遇。在这一现实背景之下，教师将"共享经济"引入主题班会中，让学生认识到共享经济为生活带来的便利。在主题班会中，教师可以让学生自己制作关于"共享经济"的简报，分析这一经济在全球的发展情况，以更加宽泛的视野去应对"共享经济"可能会带来的机遇与挑战，在无形之中形成一定的共享意识，提炼优化自身的素质水平，融入这一经济模式之中。

（十）捕捉恰当时机，根植真善人格

德育的时机并不是一个特殊的、偶然的因素，只有把握恰当的时机才能在适当处把握良好的教育机会。但是通常情况下，德育的时机具有短暂性、突发性等特点，且针对不同的学生，教师应该把握具有差异性的德育时机，在学生有初步认知与理解的支持之下完成相应的德育任务，从而提高小学德育教学的整体效果。小学德育主题班会是一个适宜的平台，教师应该关注每个小学生在人格上的发展情况，掌握学生兴趣与爱好，根据实情帮助学生的人格得到进一

步的完善；另外，教师还应该认识到学生的真善人格是一个循序发展的过程，应该从动态的视角入手，促进学生的发展变化，进一步提高德育工作在开展上的针对性，把握每一个良好的德育时机。

以"文明礼貌伴我行"的活动为例，本次主题班会活动是为了让学生懂得中华民族的传统礼仪，继承优秀美德，促进人格的完整。在本次班会活动中，教师对具体的活动环节进行了整合，从家庭文明礼仪延伸到校园与社会的文明礼仪。在初期参与中，小学生只能联想到家庭礼仪应该做到尊老爱幼、孝敬父母。教师特别开展了角色扮演活动，让学生在简单的情景剧中对文明礼仪有较为深刻的理解。在这一时机之下，教师又对主题活动的内容进行丰富拓展，让学生认识到在开放的文明环境中，我们不仅要学好、掌握丰富的文化知识，还应该注重道德修养的提升，组织学生自主进行讨论：作为一位文明的少年，在我们日常生活或者是在一些公共场合应该遵循哪些文明礼貌、应该如何进行科学合理的运用，让学生自主把握人格成长发展的时机，积极参与到德育之中。

（十一）组织社会实践，升华丰富情感

丰富的实践活动是道德发展的根本动力，也是道德形成的根源。在主题班会活动的支持下，教师应该多开展相应的社会实践活动，让学生能够在实际生活中直面冲突，帮助学生形成良好的道德判断能力，得到情感与思想上的升华。对此，教师首先应该突出小学德育的活泼性、有效性，从学生道德情感体验的综合角度出发，开展丰富的道德实践活动。在此过程中，教师应该加强对学生情感体验的关注程度，多关注学生的实际感悟，将体验延伸拓展到学生的道德认知、行为习惯，这样才能帮助学生形成坚定的道德信念，不断提高小学德育工作的实效性、针对性、过程性。

例如在"家庭礼仪"的主题活动中，教师可以先组织学生和家长共同编写、完成相应的调查问卷，在完成前期调查与分析的基础上再开展讨论会，围绕我们为什么要尊老爱幼、我们为什么要遵守孝道等话题展开丰富的讨论，努力形成共识。另外，在前期的社会实践活动中，教师可以引导学生成为小记者，轮流到同学家访问做客，用手中的笔、相机等记录下具体的活动过程，说一说自己在同学家看到了什么、感受到了什么，关注学生内心情感、思想积累的相应过程。在班会活动中，教师可以通过多媒体播放相片、视频、文字等内容，共同交流实践活动中的故事与感受，帮助学生的道德情感体验得到全面的升华，将自己的实际体验贯彻落实到行为与认知之中，提高主题班会课程开展的整体效果。

二、优质主题班会设计的思考建议

从设计依据、活动过程、后续追踪和标题板书等几个方面入手，追逐更好的效果。

（一）设计依据：真实

主题班会课总是在一定的教育背景下围绕着教育目标而进行的。教育背景包括社会背景、年段背景和班级背景。教育目标总是为了促进学生成长的需要，发展的需要。现在经常听到很多学生不愿意上主题班会课或对主题班会课不感兴趣，究其原因主要是，主题班会课脱离了学生的实际，更多的设计是为了老师的需要，采用说教的方式，把学生批评一通或表扬一下完事。学生的内心需求没有得到满足，迷惑没有得到解决，久而久之学生慢慢地失去了兴趣。因此，有效主题班会课设计的理论依据一定是源于现实，知情意行相结合，真真切切着眼于学生的实际，符合学生的心理年龄和需求，让学生有真情实感的体验，解决遇见的实际问题，纠正其行为，促进其成长。

比如，我们可以采取问题式主题班会，通过问卷调查明确问题所在，让这些问题成为主题班会要解决的核心内容，这样更能够有针对性地解决学生问题，让德育教育回归学生的生活。同时，我们要关注不同年龄段的心理特征，遵循成长的规律，让德育教育更加贴近学生。比如，小学、初中和高中都有适应新环境教育、行为习惯等问题，但不同年级段的学生心理需求不同而教育侧重点也将不同。

（二）活动过程：有效

活动过程是否有效是主题班会课成功的关键所在。活动过程往往包括知情意行四个环节，知是基础，认知上知道这是什么；情是关键，情感上认同为什么这样；意是保障，意志上支撑怎么做；行是归属，行为上真正做起来。因此，活动整个的过程设计要需要层层递进，学生有真实体验，有真切感悟，有话可说，有话要说，愿意改变。活动过程我们一般会采取情境导入或问题导入等方式。不管采用哪种方式，我们一定要关注这几个点：切入点要抓住眼球，小而真实，短而有趣。以学生的生活场景或社会热点或问题导入，让学生一看就能把他们吸引过来，激发他们的兴趣。因为这就在他们身边，是他们正遇见的问题，与他们息息相关。兴奋点上要留有记忆，我们很多时候会采用游戏、模拟等方式来增强学生的体验。不管采取哪种方式，一定要深刻，触摸学生的心灵，让学生沉静下来，而不是一笑而过。

比如"撕时间纸条""划掉珍惜的事物"游戏，刚开始学生很有兴趣，但随着游戏的慢慢推进，纸条越来越小，划掉的东西越来越珍贵时，学生的笑容慢慢地少了，眼里的泪水慢慢泛上，情感也越来越复杂并慢慢沉静下来。这些游戏将会让学生终生难忘。升华点尽量设置两难问题，设置矛盾冲突点，进而引导学生思辨。比如前几年很经典的问题"到底该不该扶"，通过思辨，情境越来越清晰，情感越来越明朗，方向越来越正确，意志越来越坚定，不断达成教育目标。

（三）后续追踪：落实

德育教育不是一蹴而就的过程，而是反复抓，抓反复的过程。同样道理，一堂主题班会课让学生的情感发生变化，但并不意味着行动上一定就会改变。情感到行动是一步艰难的过程，需要不断地强化、纠正、落实。因此，主题班会课后，我们需要对学生行为进行追踪、强化、引导。同时，根据具体情况必要时，还需再通过主题班会继续引导而又继续追踪，就这样循环往复。比如主题班会课上，学生在情到深处，很主动、很激动地规划和承诺一些改变，但事实课后执行的过程中，激情会慢慢消退，很是考验学生的意志力，这时候往往需要班主任很有耐心地去鼓励、强化、纠正、引导。一个习惯的养成需要21天，其实更多时候是更漫长的时间，所以一堂有效的主题班会课更需要后续的跟进。

（四）标题板书：实在

标题起画龙点睛的作用，是内容的升华与浓缩。因此标题往往要表明态度，直接切中内容，接地气，让人一目了然。比如"劳有所获，动有所乐""与小报告说拜拜"，大家一看就明白，这节主题班会课要解决什么问题。标题切忌含糊不清，假大空，让人捉摸不透。同时板书形式可以多样，可以纯文可以图文相结合等。但一定要有设计感，能够勾勒要点，思维清晰。

（五）课外实践：德育

班会主题内容的开展，不仅可以在课堂当中进行体现，也可以通过户外活动开展德育教学。为了能够培养学生们的德育观念，班主任可以利用假期的时间开展一系列的班级团建活动,帮助学生们提高集体意识,在合作当中能够积极参与使班级的荣誉感得到提升。

例如,学校可以利用假期的时间,为每一个年级的学生开展班级团建活动,首先,班主任带领各班的同学通过走路一小时的形式,走到团建活动的地点,学生们通过锻炼身体的形式,提高自己对运动的认知,开展活力满满的一天。紧接着,教师通过安排学生成立合作小组的模式,开设一场拔河比赛,拔河比赛一共分为三场,让每一组的成员凝聚成一条绳,集齐大家的力量更好地进行团队比拼,不断地提高集体参与意识。然后,对于有才艺特长的学生,教师可以鼓励学生们展现自己的才艺特长,通过表演节目的形式,不断地增强学生们之间的互动,使学生们在轻松愉快的氛围当中,更好地体会团建所带来的快乐。因此,课外实践活动使主题班会、课程变得丰富多彩,学生们可以意识到,班会开展不仅是对班级班规的再一次说明,也是凝聚学生们力量的快乐源泉,不断培养学生们的德育教学工作,更好地开展教学内容。

(六)学生主体:形式创新

班会活动的开展,班主任应该以学生们为主体,使学生们在课堂当中,充分地表达自己的想法,使班主任更好地开展班级管理工作。如果班主任只在班会上一味地讲解表达个人的观点,而不与学生产生互动,只会使班会主题显得单调,学生们渐渐失去兴趣,不愿意再听取教师的教学。

例如,在新学期开展主题班会的时候,首先,教师可以让班级的每一个学生轮流担任班会的主持人,开展新一轮的班会内容。如果让学生们担任班会讲解者将可以最大程度地吸引学生们的听讲兴趣。其次,为了能够提高学生们之间的互动,教师可以在班会主题中穿插最近发生的热点信息,让学生们对相关的热点信息表达自己的见解,也可以从这次中国抗疫所取得的成就出发,让学生们谈一谈自己对疫情的看法以及医疗人员所做出的努力。有的学生可能会从某一个小故事说起表达自己对中国抗疫取得成功的自豪,而有的同学也会从自己在抗疫期间所做的事情讲解,使爱国主义精神在班会主题当中可以更好地落实。最后,教师需要从学生们的实际情况展开了解,通过让学生们担任班会主持人,更好地拉近与学生之间的距离,使学生们可以在主题活动中畅所欲言,表达自己对班级未来发展规划的期许,使得班主任更好地落实管理工作,给予学生们浓郁的学习氛围。

（七）利用多媒体：丰富表现

多媒体技术在教学工作当中得到了广泛的应用，班主任也可以在班会主题中开设信息技术的应用，通过丰富的图片和视频，不断地激发学生们的学习兴趣，使班会的主题内容变得更加的丰富多彩。

例如，班主任可以利用多媒体的形式向学生们展示有关中国军人训练的相关影片或者是纪录片，让学生们从军人日复一日、年复一年的刻苦训练当中，感受到浓浓的爱国主义情怀。紧接着，教师在向学生们叙述，比起军人，学生只是通过学习来为自己博得一个良好的前程，并从学生们上周的学习情况出发，督促每一个学生要认真地对待每节课和每一个学习任务。然后，教师可以在课堂上收集学生们的意愿，向学生们播放更多的纪录片，让学生们从纪录片当中能够提高自己的生活常识，也给予自己一个放松的时间，更好地完成教学主题任务。此外，多媒体技术也可以通过图片的形式进行展示，让学生们更好地透过图片来了解每周的主题班会内容，不断地丰富学生们的认识，创建丰富多彩的主题课程。

班主任在长期的教育工作当中会发现，只有在学生们想学的时候，以及学生们觉得有兴趣的事物才会学得很好，那么，相较于教育和班级同学们的兴趣爱好来做一个主题班会，就是非常重要的。主题班会不仅会让学生们有学习的冲劲，更会培养学生们的组织能力，表达以及陶冶学生们的思想情操，提高学生们对于各个方面知识的认知。那么，班主任将如何设计以及策划一个好的主题班会呢？接下来我们就一起来探讨一下。

（八）班级管理：助力

1. 选择班会的角度

班会的主要核心也很关键，主题不可以空洞，不可以毫无针对性，对于学生们而言，需要从最主要的学业教育出发，从学生们的生活、重要纪念日以及学校自身话题这些方面来确立主题，让学生们能够真正地从主题班会中学到什么，而不是天马行空。所以选题应该要立足于学生生活以及未来的就业方向，和他们自身热爱的东西，也可以立足于网络媒体环境下学生们的一个共同的爱好。由于不同的社会经历和成长背景，学生们的价值观和话语体系都是不一样的，所以我们更加应该多方面地去了解学生自身的问题，从学生根本的方面切入，才真正能够选择好班会的主题。

2. 主题班会要有利于班级的常规化管理

班主任做好班级的日常工作，也是创建班级的基础和开始，常规的班级工作管理是通过规章制度来进行对班级的管理有效手段，我们也可以从主题班会当中深入去向孩子们讨论这个制度，我们要从孩子们的心理出发，不能够一味地机械化管理，我们要争取大家的意见。班级日常管理可以是形式的，但是不能是一种幻想，所以要让孩子们提出自己的想法，从班会当中让孩子们提出自己的想法或者是观察到孩子们真正在意的学习生活中的点，这样才能够准确地把握班级管理的制度。

（九）融入环境：彰显人文关怀

1. 应该从环境中环环紧扣

第一，要能够找到动机，在学生班会当中的设计和执行过程中，活动组织者要更充分地了解学生们的年龄以及心理需求对于激发学生们积极参加活动的重要性。第二，要能够吸引眼球，主题班会要吸引到学生们的注意力，才能让学生们有更多的注意力在班会中，只要你能够吸引眼球，那么学生们就会从中学到很多知识。第三，要引导思想，一个优质的主题班会，还有一个关键点就是教育的可视性可持续性，所以，班主任要让学生们活起来，自己要去引导学生们如何思考，如何去学习才是最重要的。第四，实效性主题活动方式的选取要密切地关系到班级学生的动态情况，树立积极健康的班级学生舆情引导，如果在一个课间教学活动当中无意间出现了有男女交往或者是女孩偷用化妆品等等，那教师就应该利用这种契机来开展一个班会，要用最有效的方法，用最快的速度来解决学生们的问题。第五，开放性世界是一个不断在变化的过程，学生们的生活环境也不例外，所以说我们的主题班会应该选择在一个大的开放空间，要突破下面的局限性，让学生们分析目前的社会现象，能够让学生们进行交流探讨，这样在无形当中，学生们的实践能力和辨别能力会加强。

2. 凸显学生本体，学习本位，彰显人文关怀

在课堂上的学生因为来自不同的家庭，有着不同人生的经历，他们所有的知识使整个课堂的视角变得特别的丰富，他们同样围着班级课程做出了贡献。因此，老师要从各个学生们的生活状态入手，不能够一味地形式化讲课，开展班会在交流互动当中，可以实现教学相长。在班会当中，关怀每一个学生的家庭生活环境是非常重要的，能够让孩子们跟班主任更加地贴近。

（十）形式多样：深化主题

1. 活动的形式要多样性生动

学生无论是什么年纪他们的身心远远还没有发育成熟，他们好动，善于思考，活泼，兴趣广泛，对于新鲜的事物具有更强烈的好奇心，所以说，开展的形式越多样不同，那么就越能够调动学生们的积极性。可以采用竞赛式、表演式、演讲式，等等。这样能够让学生们的动手能力、动口能力、动脑能力加强，还能够让他们积极主动地去参与。能够有号召力震撼同学们的心灵，能够有启发性，使同学们的心中更健康，这才是最好的班会。

2. 要能够深化主题

班会的主要目的还是提升教学的效果，那么，在主题班会开展过程当中，班主任就应该要把握住每一个时机，能够合理地穿插、点拨、启发学生们。毕竟教育才是主题班会的主要目的，在班会上，班主任要时刻注意孩子们在开展过程当中的变化，尤其是在快要结束的时候，利用小结强调主题引申主题，从而提高班会的效果，在主题班会结束以后，根据孩子们的实际来巩固效果，总之，在班会教育工作中，班主任需要长期的研究，长期的实践，不断的总结，不断的探索，所以每一个细节都应该被牢牢把握住，要从每一个班会当中不断地收集、总结，这样才能够有很好的经验以及成果，能够把主题班会开展策划得更加有深度，更对学生有帮助。

（十一）吸引学生：加深印象

班会作为德育教育的重要途径之一，只要班主任静心研究，就能打造好自己的魅力班会，也一定会感受到工作的快乐以及师生成长的喜悦。

学校要求班主任每天都要针对班级存在的问题进行分析、总结，对学生提出具体的要求，要求班主任通过举行微型主题班会（简称"微班会"）来解决上述问题。微班会以"短（时间短）、快（应变快）、小（切入小）、灵（方法灵）"就能够吸引到众多学生的注意力，而班主任需要把握班会的重点内容，从而加深学生的印象。微班会也是魅力班会一种变现形式。

教师可以在班会的方式与方法上进行创新，以达到打造魅力班会的目的。例如，在开班会的过程中，可以不时地增加教师与学生的互动环节，可以提供给学生与教师深度交流的机会，具体以情景教学法。例如教师根据学生生活中发生的具体问题，召开即兴班会。此种班会形式非常受学生的欢迎，对于提高教师的班级管理水平也有极大的促进作用。

教师可以根据传统节日，充分利用各种教育资源来打造魅力班会课。如清明节时，教师利用多媒体课件带领学生认真学习《英雄烈士保护法》，展示为祖国努力奋斗、英勇献身的英雄们的事迹。

（十二）家校合力：体现魅力

如何打造魅力班会，班主任扮演着重要角色，因为班主任是重要的班级管理者，因为学校教育带给学生的影响最为深远。但是，家长是孩子的第一位老师，家庭是孩子的第一所学校。从这一点而言，家庭是学生接触班会的主要场所，当然也是与学生联系最紧密的地方，老师要想更好地教育好学生，就需要注重学生的成长环境等因素。因此，在小学班会开展的过程中，为了全面推进小学生的班会，充分发挥班会的德育作用，班主任应该与家庭实现完美的统一。这样，我们精心打造的魅力班会才能够事半功倍。学校教育与家庭教育需要紧密结合在一起，这样有助于提高班会的水平。

学校创设和谐的教育环境，让小学生在活动的过程中感受到和谐的气氛，只有让学生感受到轻松自在，他们才能更好地参与活动。因为只有创设和谐的教育环境，才能够让学生更好地融入班会，将班会上所学的知识、道理等转化为自己的行动。和谐教育是教育的永恒话题，是做好学校各项工作的基础和前提，也是学校教育的重要任务之一。只有创设和谐教育的环境，才能真正打造理想的魅力班会。只有创设和谐的教育环境，才能为广大师生创造一个和谐、宽松、安全、优美的学习环境。创设和谐的教育环境，需要家长的大力的配合。家长的支持与配合为班主任打造魅力班会提供了强有力的保障。一节能够引起学生兴趣的班会才具有独特的魅力，无主题无特色的班会确实会给学生带来一种可有可无的感觉。班会的开展是为了更好地培养优良的班风班纪，促进学生德智体美劳的全面发展。

（十三）内容精彩：赋予"灵魂"

为人师表，首先要做好学生的"引路人"，组织学生开展班会的意义是要明确学生的学习方向，加强班级内部凝聚力，同时班会也是使学生们在紧张之余能够得到放松的集体活动。一个自律好学、团结互助、积极向上的班集体，必然需要定期开展丰富多彩的班会活动才能建立师生之间的紧密联系。

班主任是学生的"组织者"，开创魅力班会必然少不了班主任的新颖想法。

形式多样的班会不但可以丰富学生的课外生活,更是可以清楚地了解到学生们存在的问题,而丰富的班会要有创意、有特色,不要让班会永远强调一个主题,班会的开展更在于增强班级内部凝聚力,而不是一味地注重班级卫生问题、纪律问题。例如,根据学生们近期的学习情况围绕日常生活、爱国爱家、历史文化三个方面为主题开展班会活动,日常生活可以以"学雷锋"为班会主题,教导学生从小事做起,比如公交车上为老人让座、帮助环卫工人打扫街道、与妈妈一起做家务等,引导每一位学生上台讲述一件生活中有意义的小事。不但使学生们每个人都参与其中,还活跃了班会的气氛。爱国爱家类型的主题可以设计诗歌朗诵、征文演讲等一系列的活动,不但形式独特,还引导学生学习了古典名著。历史文化类型的主题可以以故事的形式开展,让学生们模仿历史人物对话、讲述历史典故、背诵经典的名人名言等,不但加强了学生的课外知识,还为学生积累写作素材打下了良好的基础。如此形式多样的班会活动,怎么会不吸引学生呢?教育者们的思维可以大胆创新,为打造魅力班会创造出更多优秀的方案。

当然,丰富多彩的生活也要以对学生有益为基础,切勿与教育脱轨。充分了解学生的学习情况,才能找到合适的班会主题,做好班会的前期准备工作,活动内容要做到因材施教,选材要精细,班内的布置也要让学生感到温馨,如此才能让班会散发其特有的魅力。

(十四)师生共创:携手同行

魅力班会光凭借班主任一个人的力量是远远不够的,只有学生的积极参与才能达到开展的目的。集体环境无时无刻不在熏陶着班内的每个成员,只有形成良好的集体风气,才能更好地促进学生健康快乐地成长。

班会凭借的是每一位同学的参与,班主任要给予学生话语权,才能让学生更好地表达自己的意愿。例如,教师可以改变班会的开展形式,将以教师观点为核心变为以集体观念为核心,以座谈会的形式可以使班会的氛围更为融洽,调动班内的学生干部,充分发挥他们自身的引导能力,形成师生共同谈论,以民主的形式给予学生一定的话语权,共同确立班级的奋斗目标,探讨优秀的学习方法,找出班内存在的缺点与不足,提高全班同学的参与度。如此一来,增进师生之间交流的同时教师们还可以通过学生的意见总结教学方法,以便更好地建立团结友爱的特色班级,独特魅力的班级活动需要全体同学的共同参与。

正所谓"众人拾柴火焰高",优良的班级风气需要的是老师与学生共同的努力,良好的班风才能形成富有魅力的特色班级。要鼓励学生大胆创新、敢于发言、不断探索,同时做好班会活动的总结与反馈,才能不断改进构建积极向上的学习环境。

(十五)别出心裁:创意无限

班会的开展形式多种多样,而如何才能做到让班会更加别出心裁却是教育者应该考虑的问题之一。散发独特魅力的班会自然少不了各科任课教师及家长的支持,借助多方力量来将班会活动变得更加润色丰满。

与众不同的风格会更加吸引学生的注意力,邀请任课教师及家长为班会活动献计献策,有助于更好地体现班级文化。例如,以"遨游数学世界"为主题开展班会,可以邀请数学老师来参加,不但增进了任课教师与学生的距离,还可以培养学生对数学的热爱程度。如果以"我与爸爸(妈妈)的一件小事"为主题,学生可以邀请自己的爸爸妈妈来共同参加,不但使班会活动变得独具匠心,还提高了家长对学生的关注程度,学生的成长少不了家长的陪伴,有了家长的支持才使班会开展得更加顺利。一系列的特色不仅让学生记忆犹新,更加突出班会开展的目的及意义,有感染力的班级活动才是真正对学生有益的。

开展散发独特魅力的班会是对一个班级集体建设的核心关键,就好比一个人要不断经历磨难、接受风雨的洗礼,才能锤炼出坚强的意志和独特的魅力,同样地,魅力班会也需要师生的相互协作、共同努力,才能使班级不断成长为一个自律自强、团结向上的集体。